DE QUI-NHON

EN

COCHINCHINE

Explorations dans le Binh-Thuan (Sud-Annam)

PAR

J. BRIEN

SOUS-INSPECTEUR DES POSTES ET DES TÉLÉGRAPHES

HANOI

IMPRIMERIE TYPO-LITHOGRAPHIQUE F.-H. SCHNEIDER

1893

DE QUI-NHON EN COCHINCHINE

Explorations dans le Binh-Thuan (Sud-Annam)

DE QUI-NHON

EN

COCHINCHINE

Explorations dans le Binh-Thuan (Sud-Annam)

PAR

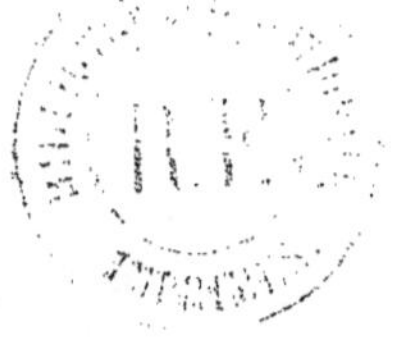

J. BRIEN

SOUS-INSPECTEUR DES POSTES ET DES TÉLÉGRAPHES

HANOI

IMPRIMERIE TYPO-LITHOGRAPHIQUE F.-H. SCHNEIDER

1893

AU LECTEUR

Je fus appelé, en janvier 1892, à faire l'inspection de la ligne et des bureaux télégraphiques depuis Qui-nhon jusqu'à la frontière de Cochinchine.

M. de Lanessan, gouverneur général de l'Indo-Chine, voulut bien alors me confier la mission de *rechercher* en même temps le tracé d'une voie *en terrain ferme* permettant de relier l'Annam à la Cochinchine autrement que par la route actuelle.

Si l'on consulte en effet les cartes de l'Annam parues jusqu'à ce jour, on remarque invariablement une ligne *non interrompue* longeant la côte du Nord au Sud : cette ligne indique le tracé d'une route, dite *mandarine*, et l'on pourrait croire que cette route est une voie de grande communication, bien entretenue et carrossable sur tout son parcours. Il paraît que cette route a existé jadis, mais maintenant, à partir de la brèche du Padaran tout particulièrement, on n'en trouve plus de traces, et le piéton comme le cavalier suivent le rivage de la mer, sur des grèves de sable fin, coupant seulement les pointes sablonneuses qui trouent l'Océan.

Le port de Phan-ry est toutefois relié à la capitale du Binh-thuân par une jolie route de 9 kilomètres longeant la rivière, et de la citadelle de Phan-ry on peut aussi se rendre à Phan-tiêt par une route haute assez bien entretenue que M. Brière fit commencer alors qu'il était résident du Thuân-Khanh.

Cette route n'est du reste fréquentée que par les habitants du haut pays, et jamais par les trams.

Mais, au-delà de Phan-tiêt, on n'a plus le choix et l'on est forcé de reprendre le rivage de la mer jusqu'à Phu-tri, à 31 kilomètres de la frontière de Cochinchine.

Il existe bien des sentiers tortueux qui sillonnent la contrée boisée entre Phan-tiêt et Tanh-linh, sentiers tracés par les Chams et les Moïs, mais ils n'avaient encore été relevés par personne.

C'est dans ces conditions que j'entreprenais ma campagne.

M. Brou, directeur des postes et télégraphes, fut très heureux de faciliter la tâche qui m'était confiée, et me laissa la libre disposition de mes mouvements.

J'avais déjà pu me rendre compte, dans le voyage que je fis de Hué à Saigon par terre en 1889, des erreurs considérables qui existent sur les cartes au point de vue du tracé de la route mandarine, mais je n'avais alors ni la mission de lever la route, ni les moyens non plus que les loisirs de mener à bien ce travail.

Je résolus toutefois dans mon nouveau voyage de commencer mon levé à partir de Qui-nhơn, afin de fournir, d'après mes itinéraires, un travail d'ensemble qui pût être consulté avec fruit, et permît de rectifier certaines inexactitudes. J'ai ainsi chaîné et levé, tant en Annam que dans les arrondissements de Bien-hoa et Ba-ria, plus de 1.000 kilomètres.

L'étude que je vais entreprendre de mon voyage portera surtout, ainsi que me l'a demandé M. le Gouverneur général, qui y attachait une grande importance, sur l'état actuel de la route mandarine, sur la nature du terrain et du pays traversés, sur les améliorations ou modifications que l'on peut y apporter facilement, sur les tracés à changer, et enfin — but principal — sur la nouvelle voie à créer à partir du Padaran pour éviter le rivage, les dunes mouvantes ou les marais pestilentiels qui forment une barrière terrible sur les limites du Binh-thuân et de la Cochinchine.

Ce travail sera donc la paraphrase, pour ainsi dire, de la carte qui l'accompagne.

Je ne m'attarderai pas au côté professionnel de ma mission, qui intéresserait fort peu de lecteurs, et qui a, du reste, été traité chemin faisant et à mon retour à Hànội.

La partie anecdotique trouvera toutefois sa place et rendra moins aride cette monographie des voies de communication.

Enfin la culture, les productions, l'industrie, le commerce du pays ne seront pas négligés.

Cette étude d'avant-garde, forcément incomplète, est écrite sans autre prétention que celle d'être sincère, et sans autre but que celui de faire œuvre utile, comme toute pierre, si humble fût-elle, apportée à l'édifice chaque jour plus grandiose des connaissances géographiques.

PREMIÈRE PARTIE

De Qui-Nhon à la brèche du Padaran

CHAPITRE PREMIER

DE QUI-NHƠN A BÍNH-ĐỊNH

Qui-nhơn est situé à l'extrémité d'une pointe sablonneuse à l'entrée de la rade du même nom. C'est le siège de la résidence de la province de Binh-dinh, en même temps que son principal port.

L'entrée de la passe était assez difficile avant le balisage qui y a été fait récemment, et les bâtiments d'un fort tonnage ne pourraient franchir la barre, même à marée haute.

Quelques vapeurs allemands viennent à Qui-nhơn prendre des chargements de sel.

Les bateaux des Messageries maritimes mouillent à l'entrée du port, sous le fort annamite; le transbordement des voyageurs comme des marchandises nécessite donc l'emploi des jonques. Or, il serait possible, et le projet en a été présenté par M. Bertrand, agent des Messageries, d'établir un appontement tout à fait à l'extrémité de la pointe de Qui-nhơn : cet appontement serait poussé à cinquante mètres en mer, dont dix en eau profonde, et permettrait l'accostage des courriers à toute heure.

Les dépenses seraient, paraît-il, relativement faibles, comparées surtout aux avantages de toute nature qui en seraient la conséquence : rapidité, sécurité, facilité de transit, économie aussi bien pour les voyageurs que pour les marchandises.

Cette mesure attirerait en outre le commerce de la province et donnerait un débouché sérieux à l'exportation qui compte en première ligne le sel, puis le coton, la soie grège, les crépons, le tabac, les peaux, les haricots, les arachides et le maïs.

Parmi les principaux articles d'importation il faut citer les poteries, le thé, le vermicelle et le tabac chinois, le papier, les filés et les tissus de coton.

Binh-dinh est à vingt kilomètres environ de Qui-nhơn, dans l'intérieur des terres, au milieu d'une vaste et riche plaine cultivée principalement en rizières.

La première partie de la route est assez belle et en terrain sec. Les ponts en bois, très nombreux, sont solides et ont été récemment établis avec beaucoup de soin par le huyện de Tri-phươc, dont on rencontre la résidence à 6 kilomètres environ avant d'arriver à Binh-định. Il reste encore deux cours d'eau non pourvus de pont : l'un aux fours à chaux, à mi-route, et l'autre à deux kilomètres de Binh-định ; ils mesurent chacun une centaine de mètres de largeur.

En s'éloignant de Qui-nhơn la route devient moins bonne à mesure qu'on s'avance dans la plaine de rizières, et elle est régulièrement recourverte par les eaux lors des inondations annuelles.

Il ne peut d'ailleurs en être autrement, et les remarques que je vais faire ici doivent s'appliquer à l'Annam entier.

Les rivières sont très insuffisantes pour l'écoulement des eaux qui se déversent à torrents de la chaîne annamitique à la saison des pluies. Presque tous les fleuves sont en outre barrés à leur embouchure par les envahissements des sables et des dunes refoulés par la mousson de Nord-ouest et par le jeu des marées ; il en résulte que les riches plaines de l'Annam se transforment à un moment donné en immenses cuvettes, où l'eau monte parfois à quatre mètres et plus de hauteur, et qui mettent beaucoup plus de temps à se vider qu'à se remplir. Or la route mandarine, courant presque parallèlement entre la chaîne de montagnes et la mer, fait forcément barrage à l'écoulement des eaux. Les ponts, quoi que l'on fasse, seront toujours notoirement insuffisants pour le débit, et il ne faudrait pas moins qu'un immense viaduc franchissant toutes les plaines basses pour éviter l'envahissement de la route par les grandes crues.

De ce qui vient d'être exposé, il découle de toute évidence qu'il serait non seulement oiseux, mais essentiellement dangereux de chercher à surélever la route dans le but d'endiguer les eaux : en admettant, ce qui est fort contestable, que la chaussée pût résister à la poussée, les trouées naturelles d'écoulement seraient rapidement agrandies par le courant rendu d'autant plus violent que le barrage exhausserait le niveau liquide dans la cuvette réduite et resserrée entre la route et la montagne. Tout serait en outre dévasté et emporté sur le parcours des fleuves entre la route et la mer.

Il faut donc en prendre son parti : chaque année, pendant quelques jours, la route mandarine, dans les plaines basses, sera recouverte par l'inondation sur une plus ou moins grande étendue et à une hauteur plus ou moins considérable.

Je dois déclarer que cette question est d'une trop grande importance pour que je me permette d'indiquer le remède ; il faudrait pour cela l'examen sur place de gens plus compétents.

Il me paraît cependant que l'on devrait, avant tout, niveler rigoureusement la route sur les points sujets à l'inondation, de manière que les eaux arrivant d'amont trouvent un déversoir régulier n'offrant aucun point plus vulnérable qu'un autre et franchissent uniformément la chaussée en nappe, comme à un barrage d'écluse.

Pour éviter les affouillements, la route serait construite en dos d'âne, avec la crête chargée de cailloutis, ne fût-ce que sur une faible largeur ; le système des gazonnements sur les côtés de la route donnerait en même temps d'excellents résultats, surtout si l'on employait une espèce de petit chiendent très commun, à racines traçantes agglomérant la terre, fort vivace et résistant à la saison sèche.

La route ne devrait pas être élevée de plus de deux à trois pieds au-dessus du terrain avoisinant.

Le nombre des ponts serait, ainsi que leur débit, augmenté dans toute la mesure compatible avec le système d'économie qui devrait présider à un travail d'une étendue aussi considérable.

La main-d'œuvre serait facile à trouver et n'aurait besoin que d'être dirigée et surveillée intelligemment.

Enfin, les matériaux de remblai, sauf sur certains points que j'indiquerai au cours de cette étude, seraient presque partout à une faible distance de leur point d'utilisation.

Les mesures précitées semblent logiques pour atténuer autant que possible, et à peu de frais, les effets des inondations que l'on ne peut empêcher. Les coupures des routes deviendront fort rares, les dégradations annuelles seront très légères et aisément réparables, la circulation sur la route mandarine considérablement facilitée.

La route de Qui-nhon à Bình-định traverse une quantité de villages importants, parmi lesquels il faut citer Cho-định, le village des Fours à chaux, Cho-bô-đê, Tri-phươc et Liêm-trac, près de Bình-định.

La citadelle de Bình-định a quatre cents mètres de côté et est construite en briques ; c'est l'une des mieux conservées et des mieux entretenues de tout l'Annam.

Sa garnison ne se compose actuellement que d'un détachement de milice.

La citadelle est la résidence du Tổng-đôc et du Quan-án de la province.

Si l'embranchement de Bình-định à Qui-nhon est assez bien entretenu, on n'en peut dire autant de la route mandarine avoisinant Bình-định au Nord : route basse, vaseuse, défoncée ; pas de ponts sur les arroyos, quelquefois pas de bacs !...

Il existait encore, en janvier 1892, une coupure d'au moins 100 mètres creusée par l'inondation de 1888, et cette coupure continue à être tournée sur une méchante chaussée en demi-cercle moins praticable qu'un talus de rizière, exactement comme lors de mon passage en 1889.

Il ne serait sans doute pas téméraire de penser que si cette partie de la route est aussi négligée par les autorités provinciales, cela peut tenir à ce que la route de Bình-định à Qui-nhon est plus souvent parcourue par le Résident de la province : le Tổng-đốc sacrifie l'une aux dépens de l'autre pour s'éviter de justes observations du Représentant du Protectorat.

CHAPITRE II

DE BÌNH-ĐỊNH A SONG-CAU (53 kil. 550)

C'est le samedi 16 janvier 1892, dans l'après-midi, que je me mis définitivement en route pour le Sud.

Jusqu'à la bifurcation sur Qui-nhon, à environ 3 kilomètres de Bình-định, la route est défoncée, basse et coupée de ponts dont l'arche unique est démesurément élevée au-dessus de la route.

On traverse le Sông-Thảng-àn, puis celui du Sông-Caù-ganh, un peu avant de tourner le premier contrefort sur la rive droite. A cet endroit, la route, qui est assez bonne et en terrain dur, pourrait être élargie et chargée avec les calcaires qui abondent dans la montagne.

On découvre ensuite sur la droite une plaine de rizières formant cirque jusqu'à la chaîne qui s'arrondit à l'Ouest ; de nombreux villages, entourés de bambous, suivent la route et la plaine jusqu'au tram de Bình-định, à 7 kilomètres de Bình-định.

Là, je dus me séparer de mon cuisinier que j'avais amené du Tonkin, et qui fut pris d'un violent accès de fièvre ; malgré les offres que je lui fis de lui donner un palanquin jusqu'à son rétablissement, il persista dans son désir d'être ramené à Bình-định. Il y avait sans doute dans sa fièvre une forte dose d'appréhension causée par la perspective d'un voyage de trois mois, mais je n'en dus pas moins m'exécuter : c'était un mauvais début.

DU TRAM DE BINH-DIÊN AU TRAM DE BÌNH-PHU, LIMITE DES PROVINCES DU BÌNH-ĐỊNH ET DU PHU-YÊN (17 kil. 480)

On longe à droite un fort mamelon isolé coupant la vaste plaine qui s'étend des deux côtés de la route avant d'arriver au Sông-Cai-gia ; ce fleuve mesure 320 mètres de large.

Après avoir traversé le village et le marché du même nom, on entre dans le cirque du Cu-mong dont on aperçoit le col encaissé entre deux pics fort élevés ; les rizières deviennent plus rares et maigres, les villages s'éclaircissent. La montée commence à Phu-tai, ancien poste militaire que nous avons évacué après la répression des troubles, pour redescendre et suivre ensuite une route mouvementée et ravinée entre les chaînons qui se rapprochent ; un gros sable aggloméré forme le fond du sol.

Des torrents descendent en chutes bruyantes des pentes latérales et produisent aux reflets du soleil des effets magiques dans ce site sauvage.

La montée du col est raide, semée de cailloux roulants et coupée de paliers ; on retrouve des traces d'anciens gradins, débris d'un escalier primitif abandonné par l'insouciance des habitants.

Le Binh-phu est à cheval sur le sommet du col ; on a dû le protéger au moyen de forts barreaux de bois contre les incursions du tigre qui vient fréquemment le visiter. Le village compte à peine une cinquantaine de cases, abritant les gens du tram et leurs familles ; on y cultive l'arbre à thé et l'ananas.

DE BINH-PHU À PHU-KHÉ (18 kil. 230)

La descente du col est aussi raide et aussi difficile que la montée ; le sentier en zigzag et encombré de grosses pierres franchit de petites ravines qui deviennent torrentueuses à la saison des pluies. Une route praticable demanderait un tracé en lacets à flanc de coteau pour éviter les pentes trop dures, et la construction de ponceaux solides.

La traversée du col proprement dit mesure un peu plus de trois kilomètres.

Du bas de la descente à la plaine cultivée, on suit, comme sur la pente nord, une route sinueuse et mouvementée, puis l'on arrive au village de Langthan

La transition est très brusque : nous sommes de nouveau en terrain plat et inondé, cultivé partout en rizières, avec des plantations de bananiers, de cannes, des bouquets d'aréquiers et de cocotiers se profilant en masses sombres sur le flanc de la montagne à l'ouest, ou sur le ciel cru du côté de la mer.

Avec les rizières, nous retrouvons la route basse, défoncée, recouverte et coupée aux hautes eaux, et appelant les observations déjà faites.

Au milieu de la plaine, le village de That-khe, centre d'un marché important ; puis, le marché de Binh-than, à 5 kilomètres du tram de Phu-khe.

La montagne à l'ouest se rapproche du chaînon latéral à la mer pour former le défilé de Tam-hoi et le col de Phu-khe.

L'entrée du défilé, raviné par les pluies, débute par une petite colline qui pourrait être évitée si l'on suivait la ligne de thalweg sur la droite de la route.

On rencontre en cet endroit des traces de gisements ferrugineux et des sources minérales.

Le tram de Phu-khe est au haut d'une grimpette très raide, d'une centaine de mètres d'altitude, que l'on tournerait facilement sur la gauche par une route à flanc de coteau contournant un mamelon.

Quatre cases et une pagode assez bien entretenue forment tout le village de Phu-khe.

DE PHU-KHE A SÔNG-CAU (9 kil. 960)

La montée abrupte de Phu-khe se continue en pente plus douce jusqu'au sommet du col d'où l'on aperçoit sur la gauche la magnifique baie de Song-cau. La descente est rapide et semée de blocs de granit. Pour en faire une route praticable, il y aurait à étudier les courbes de plus faible pente, ce qui demanderait un temps beaucoup plus considérable que celui dont je puis disposer, mais il ne serait pas très difficile d'améliorer ce passage.

On tombe ensuite dans la vallée étroite de Lê-huyên, qui conduit jusqu'au rivage au fond de la baie de Song-cau, où la mer a rongé la route et vient battre le pied de la montagne sur une longueur de 300 à 400 mètres.

Ici encore on a sous la main les matériaux nécessaires pour une réparation solide de la route.

Song-cau a été, après Vung-lam, le siège de la résidence du Phú-yên ; il n'y a plus maintenant ni résidence, ni télégraphe, ni douane ; seul un petit poste de milice a subsisté de cette installation qui paraît avoir été plutôt choisie à cause de son site pittoresque qu'en vue d'administrer le pays et de contrôler les autorités indigènes. M. le Résident de Qui-nhơn l'a bien compris, et il a reporté le principal poste de garde civile dans la Citadelle du Phú-yên, en plaine cultivée, à 12 kilomètres plus au sud et a préparé des aménagements pour permettre au besoin l'installation d'un fonctionnaire du Protectorat auprès des mandarins provinciaux.

La vallée du Sông-cau est étroite et peu étendue ; les habitants se livrent principalement à la pêche, à la construction des barques et à la fabrication des cordages et des filets.

CHAPITRE III

DE SÔNG-CAU A HON-KHOÉ (129 kil.)

Le Sông-cau mesure trois cents mètres de large et la traversée se fait en bac ; il y a fort peu d'eau à marée basse, surtout pendant la saison sèche.

Sur la rive droite on traverse le village de Lang-binh, éparpillé dans une vaste plantation de cocotiers, puis on aborde le défilé de Quan-quich, le premier de ces désagréables cols du Phú-yên semés de petits cailloux à arêtes vives qui incommodent également les piétons et les chevaux.

Ce col mesure environ deux kilomètres et n'est pas très raide ; la montée comme la descente seraient améliorées sans aucune difficulté avec quelques lacets tracés sur des pentes uniformes et sans ravines.

La culture change complètement d'aspect dans cette région : contrairement à toutes les coutumes annamites, les coteaux, les mamelons sont labourés et divisés par des haies vives en une multitude de petites parcelles, et de loin ils donnent l'illusion de certains sites de France.

Indépendamment du riz de montagne qui vient fort beau, les habitants cultivent la canne à sucre, les haricots, le maïs, les arachides et les patates.

Au pied du col, sur le versant sud, on trouve le tram de Phu-đương, près du marché de Quan-hau et à 4 kilomètres de Song-cau.

DE PHU-ĐƯƠNG À PHU-TAN (15 kil. 650)

Après avoir franchi un petit mamelon, on découvre la plaine et le port de Vưng-lam. Du sommet des cols voisins, ou de la baie, l'aspect de Vưng-lam est ravissant, mais quand, à marée basse, on traverse par un ciel brumeux les routes grasses et glissantes courant entre les salines, le désenchantement est complet, et la perspective d'avoir à franchir l'interminable col dont on aperçoit la montée n'est pas faite pour égayer.

Ce col, dont le versant sud est plus abrupt et désagréable que l'autre côté, devrait être tourné par le village de Vưng-lam, à flanc de coteau, autour de la pointe qui s'avance dans la baie de Xuân-day. La nouvelle route viendrait rejoindre la route mandarine aux environs de la citadelle du Phu-yên, au milieu de la plaine. Le trajet serait allongé de deux ou trois kilomètres environ.

Le Song-cha roule une masse considérable d'eau, et pour éviter les dégâts qu'il pourrait causer à la citadelle, la route a été surélevée de quatre à cinq mètres sur une longueur d'environ un kilomètre ; cette digue n'empêche pas l'inondation de monter à son niveau normal, mais elle fait dévier le courant qui sans cela viendrait battre les murs de la citadelle et dévaster le marché important de Xuân-đay qui se tient tout auprès.

En quittant la citadelle du Phu-yên on traverse une petite plaine de sable d'un kilomètre, puis on retrouve la route normale de cette province, c'est-à-dire, avec les cols rocailleux, un chemin bourbeux de vase noire.

A Nong-son, bac de 100 mètres de traversée ; un peu plus loin, bac de 100 mètres sur le Sông-cho-Mai, bac de 80 mètres à Hoa-tac.

Entre tous ces cours d'eau, la route doit être complètement recouverte aux crues si l'on en juge par les coupures profondes qui attestent la violence dè l'inondation dans ces parages, surtout auprès de Cho-quang-đưc.

Avant d'arriver au petit col de Hoa-tac, on trouve à gauche et tout près de la route un monticule rocheux qui serait à utiliser pour les réparations de la chaussée.

Au fond de la plaine, à l'ouest, entre Ha-yên et Phu-tan, on aperçoit de vastes plantations d'aréquiers couvrant un espace de plusieurs kilomètres carrés, semées çà et là, paraît-il, de quelques rares maisons. Un européen risquerait fort de s'égarer sous ces voûtes immenses de verdure, supportées par des myriades de colonnettes d'une parfaite uniformité et limitant l'horizon sous un rayon très restreint sans offrir le moindre indice permettant de s'orienter.

DE PHU-TAN A PHU-VINH (17 kil. 700)

En quittant le tram de Phu-tan, on rencontre un petit col tortueux et semé de cailloux. Arrivé au sommet, la vue de la mer que l'on entrevoit sur la gauche repose un instant de la plaine noirâtre et grasse que l'on vient de traverser, mais on retombe encore dans une autre d'au moins huit kilomètres de longueur, et qui ne le cède en rien aux précédentes au point de vue du mauvais entretien et des difficultés de s'y mouvoir, malgré les fascines jetées de loin en loin dans les plus mauvais passages ; mais là encore le remède se trouve près du mal, et les remblais seraient très faciles à amener sur place.

De nombreux et riches villages tapissent la route et la plaine : Thuong-duc, avec ses poteries ; My-phu, près du Sông-cây-da ; le marché de Phuong-phu, la chrétienté de Phu-đêm, Hoa-da, près du petit col du même nom.

La plaine et les vallons qui strient le pied de la montagne sont toujours couverts de magnifiques rizières ou de bosquets d'aréquiers.

Puis la grande chaîne se rapproche et envoie un petit contrefort couper la route, en même temps que s'accusent les dunes de sable à peu de distance sur la gauche. Au delà de ce dernier col, la route devient sablonneuse et les dunes envahissent la route en face de la chrétienté de Hoa-van, située sur le versant Est de la grande chaîne, à un kilomètre de la route.

Toute trace de sentier disparaît, et l'on fait 3 ou 4 kilomètres dans les hautes dunes mouvantes. Sur la gauche, un grondement sourd et monotone annonce que derrière les montagnes de sable, l'océan bat la plage de ses éternelles et impuissantes attaques.

Il y aurait lieu de longer ici le pied de la montagne, près de Hoa-van, pour éviter les sables, et de venir rejoindre la route aux environs du tram de Phu-vinh, à un kilomètre du pic de l'Epervier qui dresse sa tête conique à cinq cents mètres d'altitude. La route nouvelle serait facile à tracer en terrain solide et n'allongerait guère le parcours.

DE PHU VINH A PHU THANH (17 kil. 670)

Une plaine unie en terrain sablonneux recouvert d'un maigre gazon très court sépare le tram de Phu-vinh de Tuy-hoa sur la rive gauche du Sông-Da-rang.

Le poste de milice de Tuy-hoa (1) est situé au pied d'un monticule appelé *Montagne des Singes*, et sur lequel s'élève une tour cham en ruines.

Le marché de Tuy-hoa (Cho-yên), l'un des plus importants du sud de l'Annam, est renommé pour ses chevaux, mais ils se font de plus en plus rares, et la production locale ne peut suffire à l'exportation exagérée qui s'est faite ces dernières années. Il faut aller maintenant jusque chez les Moïs pour trouver des animaux à peu près convenables.

On trouve beaucoup de denrées chinoises sur le marché et plusieurs négociants chinois sont depuis longtemps déjà établis à Tuy-hoa.

L'estuaire du Sông Da-rang est le plus vaste de tous les fleuves de l'Annam : il ne mesure pas moins de trois mille cinq cents mètres d'une amorce à l'autre de la route mandarine.

Pendant la saison sèche, il n'y a alors que trois bacs à passer : l'un tout près de la rive gauche, mesurant à peine cent mètres, à la suite auquel on traverse un banc de sable d'environ quinze cents mètres ; le bac principal, large de quatre à cinq cents mètres, conduit à l'îlot cultivé et habité de Phu-lê, traversé par la route mandarine ; enfin un dernier petit bras qui assèche presque de mars à septembre, sépare Phu-lê, de la rive droite.

---

(1) Le poste de milice de Tuy-hoa est supprimé actuellement.

En face du marché de Tuy-hoa, le premier bras offre un gué profond mais praticable à marée basse : les indigènes qui vont au marché ou en reviennent ne manquent jamais de le passer, chaque fois que les heures de marée sont favorables, sans le secours des bacs qui, d'ailleurs, ne suffiraient pas à la besogne : les gens ont alors de l'eau jusqu'à la ceinture, mais ils prennent leurs dispositions, hommes et femmes pour ne point mouiller leurs vêtements, pantalon ou jupe. Pcur les hommes, le procédé est d'une simplicité biblique, mais je dois confesser que chez le beau sexe la décence est observée fort ingénieusement et dans toute la mesure que l'on peut exiger d'une personne qui porte sur la tête un panier d'œufs, par exemple, et qui doit, à un moment donné, s'enfoncer prestement dans l'eau par une petite flexion des jarrets.

L'embouchure du Sông-đa-Rang est presque complètement obstruée par les dunes de sable et le déversoir lui-même ne mesure pas deux cents mètres de large ; aussi, lors des crues annuelles, l'estuaire est transformé en une nappe immense d'eau dont le niveau dépasse parfois l'étiage de quatre à cinq mètres.

Du village de Phu-lam, sur la rive droite du Da-rang, la route suit une ligne rigoureusement droite jusqu'au tram de Phu-thanh, à 8 kilomètres plus au sud à travers une plaine couverte de rizières splendides.

Un fait remarquable frappe tout d'abord le voyageur : la route est toujours mauvaise, comme dans la plupart des plaines riches, mais ici la terre n'est plus noire comme dans le reste du Phú-yên : c'est un sol argileux, une sorte de glaise qui rend la route très difficile et même dangereuse lorsqu'il a plu : on marche alors sur du savon !

DE PHU-THANH A PHU-HOA (15 kil. 630)

A 300 mètres du tram de Phu-thanh on traverse en bac les deux branches du Sông-bang-Thât et l'on arrive à l'important marché qui lui a emprunté son nom. Puis l'on retrouve l'éternelle route défoncée et boueuse qui est pour ainsi dire la caractéristique du Phú-yên.

Et pourtant, là encore, la colline que l'on aperçoit à quelque distance sur la droite de la route fournirait sans beaucoup de travail les matériaux de charge.

Au loin, vers le Sud, un contrefort puissant s'échappe de la grande chaîne jusqu'à la mer pour former le cap Varella, qui barre formidablement la route, et que l'on franchit par le Đéo-Cả. En approchant des premières collines, la route s'améliore un peu, et l'on s'engage dans un couloir étroit, bien cultivé en rizières. A un kilomètre du col on laisse à gauche, sur le bord de la route, l'ancien petit poste de Hao-sơn, tout près du dernier bac.

Et l'on arrive au pied du Đéo-cả. La première montée n'est pas pour encourager : elle est abrupte, semée d'énormes rocs et difficile à franchir pour les chevaux.

Presque aussitôt on redescend pour traverser un petit ruisseau qui devient torrent pendant les pluies. Ce monticule devrait être tourné sur la droite, presque sans allonger la route en suivant les bords du cours d'eau.

Le spectacle est vraiment grandiose sur tout le parcours du Đéo-cả : la végétation y est d'autant plus puissante et vigoureuse que la nature est plus tourmentée ; des arbres gigantesques et d'une grosseur colossale s'élancent jusqu'à une hauteur de vingt mètres sans une seule branche ; des lianes d'une variété infinie franchissent les abîmes et enlacent tout ce qu'elles rencontrent sur leur passage ; des orchidées rares, des fougères magnifiques s'accrochent de toutes parts : c'est la nature vierge avec toute sa vigueur et toutes ses sauvages beautés.

Le défilé suit sensiblement la ligne de thalweg, mais sans en chercher tous les détours, ce qui produit une succession ininterrompue de petites croupes et de ruisseaux à franchir.

Entre le troisième et le quatrième kilomètre on arrive au tram de Phu-hòa qui marque à peu près la limite des provinces du Phu-yên et du Khanh-hòa. Deux misérables cases en paillottes, à peine fermées, forment le seul abri des voyageurs et des coolies trams.

Quelques orangers ont été plantés aux alentours ; le torrent coule tout près et roule une eau délicieuse et toujours fraîche.

DE PHU-HÒA À HÒA-MA (12 kil. 420)

Il reste encore trois kilomètres à franchir pour arriver au sommet du col, d'où l'on découvre tout à coup la mer et la gracieuse petite baie de Vùng-Rô, sous le Varella. Au sud, très loin, la presqu'île de Hon-khoé et la baie, parsemée d'îles.

La descente est très raide, et il n'y a que quinze cents mètres pour arriver au niveau de la mer, dans une petite plaine inculte qui s'arrondit au pied du massif. Le sommet du col mesure quatre cent cinquante mètres d'altitude.

Sur la gauche, un ravin très profond où l'on entend le grondement sourd d'un torrent, paraît le séjour favori de singes de grande taille qui gambadent sur les branches à des hauteurs vertigineuses. Ces singes ont un pelage vraiment merveilleux : la tête est bleue, le corps gris perle, les jambes noires et la queue blanche. Je ne puis résister à l'envie d'en tirer un : à mon deuxième coup de Winchester un des plus gros de la bande dégringola de branche en branche et vint s'abattre dans un fourré inextricable, à plus de cent cinquante mètres de distance. Aussitôt toute la troupe disparut en sautant d'un arbre à l'autre, poussant des cris perçants répercutés par l'écho, et secouant la forêt comme si une trombe y eût passé. A mon grand regret, je dus abandonner ma victime et me contenter d'avoir vu de loin sa splendide fourrure.

Le col du Đeo-cả mesure 8 kilomètres de parcours, et sa direction est exactement Nord-Sud.

La traversée en est très dure, et la construction d'une route maniable demanderait une étude approfondie de la montagne et un travail considérable. D'après les renseignements que j'ai recueillis, il n'existe pas de seuil plus praticable que le tracé suivi, et l'on ne peut tourner le Varella par sa pointe.

C'est surtout la descente au Sud qui présente des difficultés ; on pourrait néanmoins ménager une rampe plus douce en s'engageant dans un pli de terrain sur la droite avant d'arriver au sommet du col, et en traçant à flanc de coteau une route qui contournerait le cirque pour venir rejoindre la pointe du col du Cổ-ngưa, à l'autre extrémité de la baie de Vưng-rô.

Trois cases de pêcheurs sur le bord de la mer forment tout le village dè Vưng-rô. Les bâtiments viennent fréquemment chercher un abri dans cette baie lorsqu'ils ne peuvent doubler le cap Varella.

De Vưng-rô au pied du col du Cổ-ngưa, il n'y a pas de vestige de route, et l'on suit la plage sur une longueur de deux kilomètres. Le nouveau col est assez difficultueux, mais il ne mesure qu'un kilomètre de traversée, avec une centaine de mètres d'altitude.

Arrivé au sommet, la route s'infléchit franchement au Sud-Ouest pour contourner la baie de Hon-khoé, fermée dans sa partie nord par une longue et étroite dune de sables mouvants.

La route va maintenant longer la plage sur une vingtaine de kilomètres, s'en écartant au plus de quelques cents mètres, et laissant sur la droite, à une assez faible distance, le grand chaînon qui se termine à la pointe du Varella.

Jusqu'au tram de Hoà-ma que l'on voit à trois kilomètres en avant, le sol est marécageux, inculte et broussailleux. Tout près du tram, un méchant pont très bas, qui doit être emporté s'il n'a pas été réparé depuis mon passage, permet de franchir une lagune que la marée haute inonde jusque vers le pied de la montagne.

Au delà du tram, la plaine s'élargit et les rizières apparaissent drues, superbes, autour des villages de Quang-thuong et Tu-bong, séparés par un arroyo de cinquante mètres de large que l'on traverse en bac.

Ici encore, comme dans tous les terrains de rizières, la route est basse et défoncée.

Il se tient à Tu-bong, un gros marché très animé ; ensuite, les rizières s'éclaircissent, faisant place à de rares cultures sèches égarées dans la brousse ; elles disparaissent complètement après le petit village de Lim-lam.

En approchant du tram de Hoà-lang on trouve deux cours d'eau, étroits, mais profonds, et dont le premier n'a pas de pont.

Lors de mon précédent voyage, en 1889 en pleine saison pluvieuse, je faillis rester en détresse devant ces arroyos grossis par les pluies qui tombaient sans discontinuer depuis huit jours. Un de mes porteurs essaya de traverser : il perdit pied aussitôt, entraîné par la violence du courant, et parvint non sans peine à regagner la rive à la nage ; un deuxième, puis un troisisième ayant eu le même sort, personne ne voulut plus tenter la traversée.

Je ne voulais pas rétrograder jusqu'au village de Lim-lam, à quatre kilomètres en arrière, prévoyant que mes coolies auraient profité de la nuit pour déserter, et sachant que le tram où nous devions nous arrêter n'était pas éloigné. Je payai d'exemple, et armé d'un long et solide bâton que je saisis à deux mains, je m'avançai avec précaution, m'arcboutant pour ne pas être emporté. J'avais de l'eau jusqu'au cou, et sans mon bâton j'aurais été enlevé dix fois ! Je réussis enfin à gagner l'autre rive sans accident. « A votre tour, criai-je ! » Un peu honteux de s'être laissés devancer par un européen, les coolies se décidèrent alors à tenter le passage que j'organisai ainsi : les charges des porteurs furent dédoublées de manière à ne passer qn'une petite caisse à la fois. Six coolies descendirent avec précaution dans l'eau : trois d'entre eux supportaient la caisse en l'air à bout de bras, les trois autres les soutenant et les empêchant d'être entraînés, et la grappe humaine passa ainsi, lentement, mais sans encombre.

J'avais fait un rude apprentissage de cette façon de procéder lorsque quelques semaines auparavant, sous une pluie battante et continuelle, j'avais fait l'étude de la ligne de Tam-ky à Tramy, et traversé en deux jours plus de quarante torrents.

Le va-et-vient s'accomplit donc sans arrêt, au milieu des lazzis et des rires à l'adresse des plus maladroits, car les indigènes en avaient pris leur parti, et avaient fini par trouver divertissante cette manœuvre insolite. Après les bagages vint le tour des chevaux, et nous pûmes nous remettre en route ; mais nous avions mis plus d'une heure pour opérer ce transbordement et la nuit était faite, lorsque, à cinq cents mètres plus loin, nous arrivâmes au bord d'un autre arroyo débordant sur sa rive droite, et couvrant la campagne aussi loin que l'obscurité permettait de voir. Un seul méchant bateau pour traverser toute ma caravane ! Quelques coolies montèrent avec leurs charges, et le sampan quitta la rive pour traverser. Il fut enlevé avec une telle rapidité qu'en quelques secondes je le perdis dé vue : c'était à croire qu'il avait sombré. Il mit vingt minutes à faire le trajet aller et retour ; je m'embarquai à mon tour et pris pied sur un talus émergeant de la plaine liquide.

Alors commença un interminable parcours à tâtons dans la nuit noire ; j'avais laissé mon cheval en arrière, et c'est à pied, précédé d'un guide que je distinguais à peine à deux pas devant moi, que je fis la route jusqu'au tram, harassé de fatigue par la traversée des cols et par douze heures de marche sous la pluie, transi jusqu'aux moelles à la suite de mon dernier bain, butant à toutes les aspérités de la route, trébuchant dans les flaques boueuses, avec de l'eau et du sable plein mes chaussures qui me paraissaient lourdes comme du plomb..... J'avais eu la veille au poste de Hao-so'n un fort accès de fièvre dont je ressentais encore les effets, aussi ce fut dans un état lamentable, anéanti et pleurant d'énervement, que j'arrivai au tram de Hoà-Lang à huit heures et demie du soir, et que je me jetai sur un lit de camp en attendant l'arrivée de mon convoi égrené en route. On finit par trouver de la lumière ; des fagots entiers furent jetés au feu pour enfumer plutôt que pour sécher nos misérables accoutrements et le harnachement des chevaux.

Je mangeai à peine, je dormis mal, et le lendemain matin, avant le jour, il fallait reprendre des vêtements à peine égouttés, empestant la buée et la fumée, et continuer le lugubre trajet dans la boue liquide, sous la pluie incessante et froide.

C'est l'un des plus mauvais souvenirs de mon voyage de 1889.

Heureusement que dans ma nouvelle tournée la saison était favorable, et je n'eus pas à supporter les mêmes fatigues ; je m'arrêtai à Gia, gros village pêcheur, chef-lieu de canton, marché assez important. Le centre du village n'est qu'un vaste cimetière ; beaucoup de maisons sont construites en briques et paraissent indiquer que Gia est depuis longtemps le port le plus important de la baie de Hon-khoé. Toute la petite plaine qui entoure le village et le tram jusqu'au pied des montagnes est semée de hameaux ayant tous leur bouquet d'aréquiers rompant très agréablement la monotonie du paysage.

DE HÒA-LANG À HÒA-HUYNH (17 kil. 300)

La route continue à longer le rivage à une faible distance, en terrain complètement inculte, coupé seulement par deux cours d'eau ; puis, après avoir passé un petit col formant à peine dénivellation, on traverse une immense plaine sablonneuse et marécageuse où fourmille le gibier de toute sorte ; les empreintes couvrent littéralement le sol : poule sauvage, paon, agouti, lièvre, sanglier, cerf, bœuf sauvage, tigre ; des espaces considérables sont ravagés par des troupeaux de sangliers et l'on aperçoit distinctement des traces de lutte récente dévoilant la chasse heureuse faite par le tigre, roi incontesté de cette région désolée entre toutes.

En approchant du tram de Hòa-huynh le pays devient un peu plus mouvementé, mais toujours avec la même végétation rabougrie, et sans une seule maison sur la route.

DE HÒA-HUYNH A HON-KHOE (14 kil. 160)

Pour se rendre au poste de Hon-khoe il faut quitter la route mandarine : un sentier à peine pratiqué dans la forêt rabougrie et clairsemée qui longe la baie permet de s'y rendre en une heure environ. Si l'on va au contraire chercher la bifurcation sur la route de Ninh-hoa, on augmente le trajet de dix kilomètres.

Hon-khoe est situé sur la presqu'île qui ferme la baie au Sud-Est ; on y accède par une chaussée en pierres sèches de 700 mètres de longueur qui a été construite en 1885 par une compagnie de zouaves. La chaussée a une coupure de 140 mètres au milieu pour permettre la circulation des jonques.

On trouve à Hon-khoe un poste de milice, un bureau télégraphique et un poste de douane. Le port est fréquenté par de rares navires allemands ou anglais qui viennent prendre des chargements de sel.

On y fait aussi le commerce des porcs, des peaux, des cornes et des madrépores que l'on exporte à Saigon pour faire de la chaux.

CHAPITRE IV

DE HON-KHOE A NHA-TRANG (63 kil.)

Ninh-hòa. — Le col des Barricades. — Une chasse au tigre

En quittant Hon-khoe il y a huit kilomètres pour regagner la route mandarine ; on les fait sur une chaussée très étroite élevée de trois ou quatre pieds au-dessus du sol, mais qui est néanmoins recouverte lors des inondations annuelles. La plaine, unie à droite et à gauche, devient un véritable lac aux hautes eaux, et c'est en sampan que je fis le trajet en 1889. Puis on passe le col *minuscule* appelé Đéo-banit, et l'on tombe dans la magnifique vallée de Ninh-hòa, l'une des plus vastes, des plus riches et des mieux cultivées de l'Annam.

Il se tient à Ninh-hòa un très grand marché où l'on échange avec les Moïs de la haute vallée et de la montagne, du sel, des verroteries, du laiton, de la toile, des tissus de coton, des marmites, contre de la cire, de la résine, du ky-nom (bois d'aigle), des chevaux, des peaux, des cornes. Le commerce passe presque en entier par les mains des chinois de Ninh-hoa et ceux de Binh-nguyên, à vingt kilomètres en amont sur la rivière de Ninh-hòa.

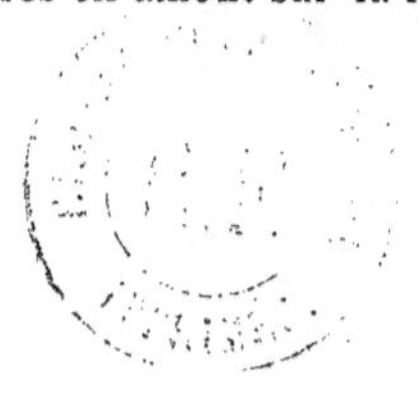

Je me permettrai de traiter ici une question qui m'avait intéressé déjà en 1889 ; je veux parler du transfert à Ninh-hòa des différents services installés à Hon-khoe.

Les raisons qui ont motivé la création du poste de Hon-khoe lors des opérations de 1885, et dont la principale était la facilité d'accès par mer, n'existent plus aujourd'hui que le pays est pacifié.

Hon-khoe n'est qu'un pauvre village de pêcheurs comparé à l'opulente agglomération de Ninh-hòa ; au point de vue administratif, on serait journellement en contact avec le huyên résident à Ninh-hòa ; Ðéo-banit est un point stratégique d'une réelle importance, et un poste serait installé sans difficultés et sans grandes dépenses sur un petit mamelon situé au sud du col, à deux kilomètres du huyên.

De son côté, le service de la douane pourrait surveiller efficacement le commerce considérable qui se fait sur la rivière de Ninh-hòa, et il est probable que l'on en retirerait de fort belles recettes sur des articles qui passent aujourd'hui sans contrôle ; il y aurait sans doute lieu, toutefois, de conserver sur la presqu'île un petit poste de douane qui serait en relations journalières avec le bureau principal du chef-lieu, et qui assurerait par planton monté le service des lettres et télégrammes en même temps qu'il rendrait compte des entrées et sorties du port.

Le bureau télégraphique devrait suivre les deux autres services, et ici encore les avantages, bien que plus spéciaux, ne seraient pas à négliger : il n'est pas douteux tout d'abord, que les chinois profiteraient de la proximité du télégraphe et de la poste et ne tarderaient pas en user largement pour leur commerce. La grande ligne télégraphique de l'Annam serait raccourcie de huit kilomètres et demi, et sa résistance diminuée de dix-sept kilomètres de fil ; en outre, la traversée de la longue chaussée en pierre de Hon-khoe, qui se fait sur trois poteaux haut-mâtés et qui est une source fréquente de dérangements difficiles à relever serait de ce fait supprimée. Enfin, le local actuel du télégraphe est une ancienne pagode autrefois très renommée chez les pêcheurs, qui ne manquaient jamais d'y venir faire leurs dévotions avant de prendre la mer ou en rentrant de voyage. Cette pagode serait ainsi rendue au culte, et s'il n'y a pas actuellement de réclamation à ce sujet, cela doit tenir sans doute à l'ancienneté du fait accompli ; mais il est probable que la rétrocession de cette pagode aux autorités indigènes serait vue avec plaisir et constituerait un acte de bonne politique.

Quelles sont les raisons, administratives ou autres, qui peuvent arrêter cette modification d'ensemble, je l'ignore ; mais je croirais volontiers qu'il n'y a là qu'une question budgétaire qu'il ne serait cependant pas bien difficile de résoudre.

La rivière de Ninh-hòa, large de soixante à quatre-vingts mètres, se franchit en bac, et va se perdre dans l'enfoncement marécageux de Bìn-cang, situé au sud d'un très haut sommet que l'on contourne à distance depuis Hon-khoe. Le poste de tram (Hòa-mỷ) est à deux cents mètres de la rive droite, près de la demeure du huyên.

DE HÒA-MỶ A HÒA-CAT (20 kil. 620)

Un cirque superbe se dessine sur la droite pour venir se fermer au Sud par le petit col de Rư-tươ̛ng, dont la pointe s'avance dans l'enfoncement ou lagune de Bình-cang. Sur la première partie du parcours, en quittant Hòa-mỷ, la route courant entre les rizières et les hameaux est très mauvaise et défoncée, il est à peine besoin d'y revenir. Elle s'infléchit au sud-est vers le village de Tan-khé, après avoir passé sur un pont en bois le Song-bên-Buong. Dans le haut parcours de ce fleuve, les Moïs pêcheraient, paraît-il, de fort belles écrevisses.

La plaine à l'est devient marécageuse, tandis que les rizières se maintiennent presque jusqu'au chaînon qui barre la route au Sud.

Des mamelons isolés surgissent sur la gauche dans les landes, les marais et les palétuviers qui entourent la lagune.

Le col de Rư-tươ̛ng ne mesure pas plus de quatre-vingts mètres de hauteur et quatre cents à cinq cents mètres de traversée ; il pourrait être tourné à flanc de coteau par sa pointe, en allongeant la route de quinze cents à dix-huit cents mètres au maximum. On tombe ensuite dans un autre petit cirque de quelques kilomètres de profondeur, cultivé du côté de la montagne, marécageux à gauche de la route ; les villages de Van-phước et de Phu-hưu s'élèvent au centre de la plaine. On approche au sud de hauts sommets dont les pentes à 45° viennent plonger jusqu'au bord de la mer, laissant un passage très étroit que suit la route semée de rochers ; à deux kilomètres plus au sud on arrive au tram de Hóa-cat, ou Hóa-kerk, au pied de la montagne et à deux cents mètres de la mer.

Hòa-cat est une petite agglomération de cases entourées de quelques maigres rizières.

DE HÒA-CAT A HÒA-THANH (18 kil. 360)

La route rocailleuse longe encore la mer sur un parcours de deux kilomètres ; une petite plaine marécageuse lui succède, et l'on arrive au pied du col des Barricades. Une saignée de soixante mètres de large dans la forêt, couvrant une série de mamelons peu élevés entre lesquels serpente un ruisseau :

tel est le col des Barricades qui ne mesure que trois mille cinq cents mètres de parcours. Ce débroussaillement a été fait surtout pour éviter les attaques des fauves, car nous sommes de nouveau dans le domaine de la panthère, de l'éléphant et du tigre : j'entends en effet dans le sous-bois, sur la droite, à une distance difficile à apprécier, les cris rauques d'une troupe d'éléphants.

Le col des Barricades se passe facilement à cheval, même en gravissant en ligne droite, par le sentier tracé au milieu de la trouée déboisée, les mamelons et les ondulations qui demanderaient à être contournés en rampes adoucies.

Au sortir du défilé on débouche dans une petite plaine enserrée entre les sommets voisins et cultivée en rizières, au milieu desquelles on aperçoit le hameau de Đac-lop. Je m'y arrêtai pour déjeuner; je tenais à revoir la maison où j'étais descendu le soir du 15 décembre 1889, dans des circonstances assez singulières.

J'étais, à cette date, parti le matin de Hon-khoe, et je voulais essayer d'arriver le soir à la citadelle de Nha-trang, où le Tong-đôc m'avait fait offrir l'hospitalité. L'étape était longue — 52 kilomètres — le jour très court, et les chemins affreux. Aussi, lorsqu'arrivé à Hòa-cat je constatai qu'il était trois heures trente minutes de l'après-midi, et qu'il me restait encore dix-huit à vingt kilomètres à faire, je laissai le plus gros de mes bagages et de mes caisses en arrière, et je partis au petit trot de nos chevaux, accompagné du surveillant français de la région, du guide que m'avait envoyé le Tong-đôc, de mon cuisinier et de deux forts gaillards qui devaient nous suivre et se relayer pour porter ma valise. Tout alla bien jusqu'au-delà du col des Barricades ; mais nous nous trouvâmes tout-à-coup arrêtés par l'inondation qui avait transformé en lac toute la vallée de Nha-trang : plus de route, plus de rizières, rien que la nappe liquide, sur laquelle allait descendre rapidement la nappe sombre d'une nuit sans lune.

Le guide se détacha en avant ayant de l'eau jusqu'à la ceinture, pour tâcher de trouver un bateau au village de Đac-lop. Une demi-heure se passa ; le guide ne revenait pas et la nuit était complètement faite. Nous nous trouvions dans une situation fort critique, ne pouvant ni avancer, ni reculer, n'ayant pas de torches pour nous éclairer ni de bois sec pour faire du feu ; sur notre gauche, la montagne boisée venait mourir à quelques mètres de nous. Nous étions isolés sur une étroite bande de terrain un peu surélevée, avec — circonstance très aggravante — trois chevaux qui étaient un appât aussi tentant pour le tigre que dangereux pour nous.

Une lumière, et puis plusieurs autres, apparurent enfin sur la droite, à une distance difficile à apprécier. Je tirai en l'air un coup de revolver auquel il fut répondu par des cris lointains, par le tam-tam et par la corne de village. Le va-et-vient des lumières nous fit croire que notre guide avait enfin réussi à

atteindre Đac-lop. Nous continuâmes à tirer des coups de revolver par intervalles assez rapprochés, en vue surtout d'effrayer les fauves.

Pendant, que nous faisions cette longue et énervante station, mes porteurs de bagages gagnaient du terrain, ce dont je pus me rendre compte par
une lueur indécise d'abord, puis grandissant lentement et teintant de rouge
la voûte noire du ciel, comme le reflet d'un lointain incendie : plus prudents
et mieux avisés que nous, ils avaient pris des torches au tram de Hóa-cat. Ils
nous rejoignirent au moment où une lumière glissant sur l'eau nous remit de
l'espoir au cœur : le village nous envoyait enfin un bateau pour franchir l'endroit le plus difficile de la route ; c'était un petit sampan en bambou tressé,
appelé communément *panier*. Le transbordement s'effectua lentement, prudem-
ment, et bientôt je vis un étroit talus de rizière émergeant de la nappe d'eau.
Je remontai à cheval, éclairé en avant par la lumière tremblotante d'une
torche fumeuse ; je fis ainsi plus d'un kilomètre, passant d'un talus de rizière
sur un autre, me tenant prêt à parer une chute ou à tomber convenablement
dans l'eau sur un faux pas ou une glissade de mon cheval ; mais l'excellente
bête avait le pied solide, et elle me conduisit au village sans accident. La
longue théorie de mes gens suivit peu à peu, et personne ne manqua à l'appel
lorsque nous fûmes réunis, à huit heures et demie, autour du feu allumé à l'a-
vance à notre intention. Mais dans quel état nous étions !...

Le lendemain de grand matin, au lieu de me diriger vers la citadelle, je
me décidai à rejoindre directement la résidence, sur le bord de la mer, et c'est
encore en *panier* que toute ma caravane fit le trajet, emportée rapidement par
le courant. Six bateaux étaient préparés, et nous ne mîmes qu'une heure pour
faire les huit kilomètres qui nous séparaient de Nha-trang. Nous passions
entre les bosquets, râclant parfois un buisson recouvert d'eau, traversant prestement les jardins et les villages dont les maisons étaient à demi-submergées.
Il était sept heures et demie du matin lorsque j'arrivai à Nha-trang, où l'on
ne m'attendait guère à cette heure là !

Une heure après, environ, le chancelier de la résidence arrivait au télégraphe
prévenir le receveur qu'un tigre était cerné dans un fourré sur la rive gauche
de la rivière en plein village, et l'invitait à venir faire le coup de feu. Je demandai, après une rapide présentation, si je ne serais pas indiscret en m'offrant à les accompagner, et naturellement ma proposition fut acceptée d'en-
thousiasme. Un commis de résidence faisait le quatrième chasseur ; armés
chacun d'une carabine Gras avec quatre cartouches, nous traversâmes la rivière
et fûmes bientôt sur le terrain de chasse. Le fauve s'était caché dans un fourré
bordant la rivière, au milieu de roches énormes surplombées par un arbre ;
il avait enlevé un chien pendant la nuit, l'avait dévoré dans cette cachette et
avait dû s'endormir sur place ; au jour, il avait été entendu par les habitants
qui s'étaient empressés de prévenir la résidence.

Nous nous disposâmes en quart de cercle antour des trouées par où l'animal pouvait sortir.

Une fois à mon poste, à huit mètres du fourré, il me passa par le cerveau une impression qui ne dura qu'un éclair, du reste, et qui pourrait être ainsi traduite : « Pourquoi diable me suis-je engagé dans cette aventure ? » Mais nous avions tous confiance les uns dans les autres, et chacun faisait la réflexion qu'à nous quatre nous aurions bien raison de l'animal : cette disposition d'esprit nous rassurait pleinement.

Au bout d'une heure de cris, de pierres lancées, de coups de gaules sur l'arrière du fourré que les indigènes coupaient pour rétrécir le cercle, nous entendîmes le tigre pousser un rugissement formidable ; les broussailles s'agitèrent violemment et nous pûmes voir la tête du fauve, furieuse, inquiète et penaude à la fois, émerger de la brousse au-dessus d'une roche.

L'animal fit rapidement du regard deux ou trois fois le tour de l'espace libre devant lui, cherchant évidemment le point faible par où il pourrait s'échapper. Nous avions tous le fusil à l'épaule et le doigt sur la détente, mais tirer dans ces conditions nous donnait bien peu de chances de réussir. Tout-à-coup la bête s'élança en rasant le rocher sur notre gauche à tous, et nos quatre coups de fusils partirent presque en même temps. Pour mon compte j'avais visé la tête, et je dois ajouter que ce fut avec le plus grand sang-froid : je n'avais jamais mieux épaulé. L'animal toucha terre en poussant un nouveau rugissement, plus rauque et plus farouche, et fit un nouveau bond ; mais il était blessé à mort : M. Q....., chancelier, qui lui avait lâché son premier coup presque à bout portant, lui donna rapidement le coup de grâce : c'était une tigresse adulte de moyenne taille. Tous les coups avaient porté.

C'est seulement lorsque nous les vîmes reparaître, que nous nous aperçûmes que les habitants avaient quitté avec ensemble le poste qu'ils s'étaient assigné d'eux-mêmes entre nous.

Nous avions abattu la tigresse à *cent mètres* de la tombe du malheureux Bénier, qui avait succombé en août 1888 aux suites d'un horrible combat corps à corps avec une tigresse blessée. Bénier avait eu le crâne ouvert et l'épaule, broyée et déchiquetée : il put néanmoins survivre six jours à ses effrayantes blessures. Je proposai d'aller visiter immédiatement la tombe de ce malheureux pour lui porter un souvenir de regret à la suite de cette victoire que nous regardions comme une juste représaille.

M. le Résident de la province et mes compagnons de chasse tinrent à me faire les honneurs de la journée, en ma qualité d'hôte, et je dus accepter, confus de leur gracieuseté, les dépouilles de la victime, que je conserve précieusement du reste : peau, crâne et griffes.

Le soir, le filet de la tigresse nous fut servi comme rôti chez M. le Résident, qui avait voulu fêter et mon arrivée et l'heureuse chasse, en réunissant à sa table toute la colonie de Nha-trang : la vérité m'oblige à dire que ce plat réaliste, que nous avions tous réclamé, fut trouvé unanimement exécrable ! Seul, un jeune missionnaire, le père D....., eut l'étonnant courage de finir sa tranche de filet. Pouah !

Cette digression m'a entraîné plus loin que je ne comptais ; aussi je reviens rapidement à ma deuxième halte de Ðac-lop, qui ne présenta rien de remarquable d'ailleurs.

Après déjeuner, je repartis pour la citadelle, et, avec les rizières, je retrouvai une route détestable. Certains passages marécageux sont particulièrement difficiles, et les chevaux, rebutés et méfiants, refusaient obstinément de franchir les fondrières et les flaques bourbeuses. Ces dégâts étaient dus à la saison des pluies ; mais les inondations étaient terminées depuis plusieurs semaines, et les réparations au moins sommaires permettant à d'honnêtes voyageurs de circuler auraient dû être faites depuis déjà longtemps.

La rivière de Nha-trang, que l'on rencontre quelques cents mètres avant la citadelle, mesurait encore cent cinquante mètres ; aux hautes eaux elle a plus de trois cents mètres de large.

L'agglomération groupée autour de la citadelle et du tram de Hóa-thanh est importante ; on y rencontre beaucoup de chinois, et c'est le centre d'un marché très important.

Dans la citadelle résident les autorités annamites du Thuân-khanh (provinces réunies du Khanh-hóa et du Binh-thuân) : le Tong-đôc, le Quan-bô et l'An-sât.

De la citadelle, une route de onze kilomètres, droite et bien entretenue par les soins de M. le Résident de Nha-trang, se dirige vers la mer jusqu'à la résidence. On trouve des ponts sur tous les cours d'eau, mais chaque année il y a de sérieuses réparations à exécuter à la suite des inondations. Pendant la saison qui venait de finir, les eaux avaient monté à une hauteur qu'on n'avait pas constatée depuis quatorze ans.

De nombreux villages sont disséminés sur la route et dans la campagne au milieu des champs de rizières ; le phǔ de Ðuong-khanh, le marché de Ong-bô, la chrétienté de Bînh-cam, le huyên de Vinh-xương et le gros village de Chó-moi, entre la route et la rivière, à trois kilomètres avant d'arriver à Nha-trang.

Chó-mói renferme beaucoup de maisons en briques, habitées principalement par des négociants chinois.

CHAPITRE V

DE NHA-TRANG A PHAN-RANG (105 kil. 580)

Les environs de Nha-trang. — Le sentier du Tigre. — Le col de Swng-sinh.
Le défilé de Hóa-tan

La résidence de Nha-trang est bâtie au bord de la mer, sur la rive droite de la rivière. Des plantations de cocotiers en bonne venue modifieront bientôt l'aspect dénudé de ce coin de sable, et lui donneront l'ombre et la verdure qui lui font défaut.

L'agglomération indigène s'étend sur les deux rives, et comprend surtout des pêcheurs et des fabricants de *nưóc mắm*. Ces derniers sont établis principalement sur la langue sablonneuse qui barre presque entièrement la rivière à son embouchure. Etant donné d'autre part que le jeu des marées forme sur le bord de la mer des dunes plus élevées que le niveau moyen de la plaine, on s'explique facilement que les eaux ne puissent s'écouler, lors des grandes pluies, aussi rapidement qu'elles descendent des montagnes, et que l'inondation atteigne dans cette vallée, comme dans celle du Sông-da-Rang, des proportions inouies.

La baie de Nha-trang baigne une plage qui s'étend à sept kilomètres au sud jusqu'au poste de douane de Chut. Il y a beaucoup de requins, paraît-il, dans ces parages, et l'on exporte en Chine une grande quantité d'ailerons de requins.

Sur la rive gauche de la rivière de Nha-trang, en face de la résidence, on remarque sur un monticule, une tour Cham en briques encore bien conservée, et qui a dû être autrefois remarquablement belle.

L'écart de onze kilomètres de la citadelle à la résidence de Nha-trang, en allonge notablement la route pour le personnel européen et pour les habitants de la basse vallée qui veulent rejoindre la route mandarine, soit au nord, soit au sud ; aussi a-t-on cherché des passages ou des sentiers de traverse. La question est facilement résolue lorsqu'il s'agit de remonter au Nord : de la plage on prend le sentier dit « du Tigre », qui s'amorce au-dessous de la tour de Cham, serpente d'abord dans la brousse, puis traverse quelques rizières avant d'arriver aux contreforts du massif et d'atteindre la route mandarine presque au pied du col des Barricades.

Les habitants de Chó-moi et des environs traversent la rivière au bac de Chó-moi, et rejoignent, par un chemin fort rudimentaire, le sentier « du Tigre » au haut des mamelons, à un kilomètre du versant Sud du col des Barricades.

De cette façon le village de la résidence gagne quatorze kilomètres en prenant le sentier « du Tigre », et celui de Chó-moi. Ces deux voies pourraient être améliorées avec quelques travaux de débroussaillement et de terrassement demandés aux villages plus particulièrement intéressés.

La ligne télégraphique aurait alors tout avantage à suivre ce chemin de traverse.

Toute cette région est boisée et regorge de gibier : poule, paon, cerf, et l'inévitable tigre, dont j'ai toujours remarqué des traces, conformément au dicton courant, partout où il y a du paon.

Je n'ai jamais vu d'aussi beaux cycas que dans les environs de Nha-trang, où ils poussent en nombre incroyable. J'en avais remarqué, à distance, sur un mamelon, un spécimen qui paraissait très régulier, d'une hauteur remarquable, et que j'aurais bien voulu enlever. J'eus beaucoup de peine à me frayer un passage dans le fourré pour l'atteindre, mais quelle surprise lorsque je fus au pied ! il était réellement monstrueux et ne mesurait pas moins de six mètres de hauteur de tronc sous les feuilles ; au ras de terre il avait un diamètre de un mètre quatre-vingts ! Je dus, à mon grand regret, me contenter de l'admirer sur place.

Les routes ou sentiers de traverse conduisant de Nha-trang-résidence ou de Chó-moi vers le sud n'ont été relevés encore sur aucune carte, et de fait ils sont à peine tracés et rarement suivis ; il y aurait intérêt cependant à éviter le détour de la citadelle.

Je résolus de tenter la traversée du défilé de Hòa-tan, que l'on distingue très bien du blockhaus. M. le Résident de Nha-trang s'empressa de me faciliter les moyens d'éxécution et me fit donner par le Tong-dôc un doï de la citadelle qui devait connaître la région.

Aux premières questions que je lui posai, mon guide me répondit qu'il était *impossible* de rejoindre la route mandarine par le défilé de Hòa-tan, que personne n'y était encore passé, mais qu'il connaissait une autre route plus courte, allant droit au sud et permettant d'atteindre le tram de Hòa-du, un peu au-dessus de Thủy-triêu.

Or, le défilé de Hòa-tan paraissait horizontal dans toute sa longueur, tandis qu'au sud je ne distinguais qu'un massif énorme sans solution apparente de continuité ; mais les affirmations de mon guide étaient tellement nettes que je crus à l'existence d'une coupure oblique impossible à distinguer à distance, et je me décidai à suivre mon conducteur.

Un garde principal et un surveillant du télégraphe de la région devaient m'accompagner.

J'allai coucher au poste de douane de Chút, où je reçus l'hospitalité la plus gracieuse.

La route de Nha-trang à Chút traverse une lande sablonneuse couverte d'une maigre brousse ; le trajet n'est que de sept kilomètres et se fait très facilement à cheval.

Le lendemain matin, après avoir visité Cúa-bê, gros village pêcheur situé à l'entrée de la lagune de Bính-tân et en face du mouillage des bateaux des Messageries maritimes pendant la mousson de nord-est, nous traversâmes la lagune, en bac, à Bính-tân, pour contourner ensuite le pic isolé qui nous séparait du massif à franchir. Le début n'était pas encourageant : aux marécages et aux palétuviers succédaient les terrains de tourbe vaseuse couverts de hautes herbes, et les passages sous bois. Dans ce défilé marécageux, d'environ un kilomètre de large, on trouve beaucoup de cây tram.

Après huit ou neuf kilomètres de marche pénible nous retrouvons la mer qui vient baigner le pied du massif du sud.

De col ou de passage apparent, point ! Il faut descendre de cheval pour pénétrer sous le tunnel de branchages qui amorce le sentier de la montagne.

Puis l'ascension commence, abrupte, rocailleuse, à travers un dédale de sinuosités dans une forêt d'arbres grêles et resserrés limitant l'horizon à quelques mètres. Des coolies, sous la conduite du guide, nous ont précédé la veille et ont élagué les lianes et les broussailles les plus gênantes pour la marche ; mais cette avant-garde a surtout pour but de repérer le passage au moyen de branches à demi-coupées ; aux bifurcations, dans les sous-bois, les sentiers à éviter sont barrés avec des branchages.

Nous montons toujours et les chevaux commencent à se fatiguer, lorsque nous débouchons sur le bord du lit d'un torrent, heureusement à sec, mais rempli de roches énormes sur lesquelles on ne peut songer à faire passer un cheval.

Le guide m'avait parlé d'un seul passage *difficile* mesurant à peine quelques mètres ; il aurait pu dire *infranchissable !*

Les indigènes s'arrêtent indécis, et je vois mes compagnons échanger un regard qui trahit leur perplexité. Je donne immédiatement l'ordre de couper quantité de branches et de broussailles, qui sont ensuite placées dans les trous et les anfractuosités des roches, et surchargées de toutes les pierres à peu près maniables. Au bout d'une demi-heure d'un travail acharné, auquel tout le monde prend part avec entrain, nos chevaux tenus en mains peuvent, non sans grands risques, traverser ce dangereux passage.

Puis la marche ascensionnelle continue, comme avant, lente, lugubre. Après avoir traversé un autre petit torrent, qui laisse couler un mince filet d'eau, nous faisons halte pour déjeuner et pour faire boire et reposer hommes et chevaux ; nous avons heureusement apporté du paddy pour nos montures, car on ne trouve pas un brin d'herbe sous cette voûte que le soleil ne peut percer : les feuilles mortes tapissent la terre, étouffant toute végétation. Pas un oiseau non plus, pas un être animé, pas un cri dans cette solitude désolée.

Le déjeuner est prestement enlevé, car nous ignorons ce qui nous attend encore, et la perspective de passer la nuit dans cette horrible montagne n'est pas pour nous rassurer.

Au bout d'une heure nous commençons à entrevoir, presque sur nos têtes, par intervalles, le sommet du col, dénudé et couvert de grandes herbes. La montée est plus rude encore, à flanc de coteau avec un précipice sur notre gauche. Les chevaux gravissent les pentes par à coups, s'arrêtant à toute minute pour souffler ; nous avons mis pied à terre depuis longtemps.

Après un dernier effort nous arrivons au sommet, à six cents mètres environ d'altitude, et nous découvrons un vaste plateau entre deux pics élevés à l'est et à l'ouest. Nos guides, volontairement ou non, ont mis le feu aux herbes sèches, et l'incendie, fouetté par le vent, gagne les sommets à notre gauche. En arrivant sur le versant sud, un immense panorama se déroule sous nos yeux, limité par les montagnes et la mer, et formant un cirque où nous apercevons la lagune, et la baie de Cam-rang séparées de l'océan par une étroite bande de dunes de sables blancs.

Mais l'incendie a effacé les traces de nos guides, et nous ne savons par quel point commencer la descente. Nous finissons par trouver quelques branches fraîchement coupées, et nous suivons cette piste qui nous mène au bord d'un précipice ! nos conducteurs, égarés eux-mêmes, ont marché à l'aventure.... Il nous faut revenir sur nos pas, sous un soleil ardent : nos malheureux coolies sont exténués, ruisselants de sueur et traînant la jambe, les pieds brûlés ou blessés par des piquets calcinés ; ils me font véritablement pitié ; l'un d'eux surtout pleure de fatigue et d'épuisement. Et nous ne pouvons rien pour le soulager !

Nous retrouvons enfin un repère et les traces fraîches de nos guides ; mais quel sentier ! plus abrupt, plus dangereux encore qu'à la montée. Par endroits il faut littéralement se laisser glisser sur les rampes de terre ou de roches, en se raccrochant à une racine ou à une branche ; mes deux compagnons et moi pouvons encore nous en tirer facilement, mais nos coolies ! mais nos chevaux qui, arrêtés parfois au milieu d'une glissade de quelques mètres, n'osent plus faire un mouvement et tremblent d'épouvante.....

Il est des instants où l'on se sent devenir féroce, et j'avoue que si j'avais eu mon guide à ce moment-là sous la main, il aurait, je le crains, passé un vilain quart-d'heure, et payé cher sont guet-apens !

Nous poursuivons notre lamentable équipée, égrenant notre convoi aux passages difficiles. Bientôt je m'aperçois que mon surveillant n'est plus avec nous. Nous tirons quelques coups de feu auxquels il répond sur notre droite : il a pris sans doute un sentier parallèle.

Bientôt cependant les pentes s'adoucissent et le sentier devient praticable. Nous rattrapons un des coolies débroussailleurs qui nous affirme que dans une demi-heure nous serons hors du bois, et de fait nous arrivons bientôt sur le bord d'une nappe de rizières verdoyantes qui nous repose agréablement de la nature sauvage et désolée que nous venons de traverser.

Le col de Súng-sinh n'avait pas encore été franchi par des Européens ; je n'engagerai jamais personne à recommencer l'épreuve après nous !

Il fallut une heure et demie pour voir arriver les traînards et rassembler tout notre monde. Les coolies du guide, qui nous avaient attendus, remplacèrent les éclopppés, et nous reprîmes notre route vers le village de Thủy-triêû. Le guide était, paraît-il, en avant pour faire préparer le logement : le digne fourrier avait jugé prudent de s'éclipser, et je ne le revis pas de la journée.

Aux rizières du pied de la montagne succédèrent bientôt les dunes de sable, ou bien la route défoncée et semée de flaques d'eau noire.

Il était six heures du soir lorsque nous arrivâmes au gros village de Thủy-triêû ; sur le bord de la lagune de Cam-ranh. Le tigre avait enlevé la veille un habitant du village, et la maison commune où nous étions descendus fermant fort mal, nous nous attendions un peu à des émotions pour la nuit, mais il ne survint rien d'extraordinaire.

Le lendemain matin, après avoir traversé la lagune, qui mesure seulement cinq cents mètres en face du village, nous nous dirigeâmes au Nord-Ouest pour regagner la route mandarine, à quelques kilomètres au-dessous du tram de Hôa-tân. A quatre heures du soir nous étions de retour à la citadelle où je fis compliment au Tông-dôc sur l'excellent guide qu'il m'avait donné ; mais je ne le tenais pas quitte : puisqu'il n'avait pu me montrer le passage du défilé de Hôa-tân, je voulais le lui enseigner moi-même : il y avait eu mal donne et tout était à recommencer. Je demandai donc au Tông-dôc, d'une façon respectueuse mais très ferme, de me confier de nouveau son guide pour continuer mes explorations. J'avais en effet appris entre temps que le doï ne se faisait au départ aucune illusion sur les difficultés du col de Súng-sinh, mais qu'il avait une peur intense des tigres et des éléphants, très nombreux dans le défilé de Hôa-tân : je voulais le familiariser avec le voisinage de ces hôtes.

Le Tông-dôc me promit tout ce que je voulus, et le lendemain matin, le guide se présenta à moi, l'air fort penaud, je dois le dire !

Le défilé de Hôa-tan est orienté exactement Nord-Est Sud-Ouest. En quittant Nha-trang on prend d'abord la route de Chút que l'on quitte presque aussitôt pour s'engager dans les rizières ; puis une traversée de rivière, étroite mais profonde, et où l'influence de la marée se fait sentir par la lagune de Bình-tân.

Après les rizières, la brousse marécageuse, et enfin les palétuviers et la vase.

Il faut appuyer sur la droite et tourner un petit mamelon, pour suivre ensuite le flanc de la montagne de droite. Tout ce passage est très désagréable. On arrive ensuite dans une grande plaine de hautes herbes qui est probablement inondée pendant l'hivernage.

On s'engage alors seulement dans le défilé proprement dit, qui mesure onze à douze kilomètres de long sur 1,000 à 1,500 mètres de large. Les fourrés espacés ont succédé à la prairie, et ils sont eux-mêmes remplacés par la grande clairière avec des arbres rares, mais de toute beauté. Le passage est splendide ; les massifs à droite et à gauche sont couverts d'une végétation luxuriante qui donne asile à de nombreuses troupes d'éléphants, si l'on en juge par les traces qui sillonnent la clairière.

On traverse trois cours d'eau, d'un débit considérable pendant la saison des pluies.

Nous nous arrêtons dans le lit d'un de ces torrents pour déjeuner à l'ombre des grands arbres ; l'eau est très claire et très fraîche.

Sur le sable, de larges empreintes de pattes de tigre indiquent que le « ông cọp » est récemment venu se désaltérer sur le lieu de notre campement ; je m'empresse de les faire voir à mon ex-guide qui ne paraît pas du tout rassuré ; les chiens ont dû sentir quelque chose aux alentours, car ils rôdent autour de nous, sans s'écarter, la queue basse, fouillant les buissons des yeux, et donnant de la voix par intervalles ; mais rien ne vient nous troubler : ce n'est pas l'heure de la chasse pour le tigre.

Il reste encore deux kilomètres de clairières à traverser, puis les montagnes se rapprochent des deux côtés, la forêt s'épaissit, toute trace de sentier disparaît, le sol devient rocailleux et s'élève en pente douce ; nous arrivons ainsi au sommet d'un petit col d'une soixantaine de mètres d'altitude dont la descente est courte mais assez brusque, et nous tombons dans une plaine herbeuse et inondée qu'on pourrait éviter en descendant le col à flanc de coteau vers le sud, sous la futaie qui couvre le massif, et l'on rejoindrait la route mandarine au-dessus du tram de Hòa-tân.

En résumé, on ne rencontrerait aucune difficulté matérielle dans la construction d'une route qui relierait la résidence de Nha-trang à la route mandarine par le défilé de Hòa-tân ; la plus grosse somme de travail serait occasionnée par l'établissement d'une chaussée de cinq à six kilomètres qui traverserait en ligne droite les marécages à l'entrée du défilé.

Cette nouvelle voie serait bientôt très fréquentée et permettrait en outre la culture d'une partie de la clairière, et l'exploitation de bois magnifiques. Enfin, on raccourcirait le trajet actuel d'au moins six kilomètres pour cette section sud, ce qui porterait à seize ou dix-huit kilomètres le raccourci total si l'on faisait en même temps le tronçon de Chợ-moi au col des Barricades, tel qu'il est indiqué sur ma carte.

DE HÒA-THANH A HÒA-TAN (17 kil. 600)

J'ai terminé mes excursions aux environs de Nha-trang, et je vais reprendre le parcours de la route mandarine. C'est plus spécialement à partir de ce moment, du reste, que le résultat de mes levés différera des cartes antérieures.

Dans toute la plaine de rizières qui s'étend au sud de Nha-trang, la route est défoncée et mal entretenue, il est à peine besoin de le dire ; elle s'améliore en approchant du massif que nous avons contourné la veille. Sur la droite, à six kilomètres du tram, nous remarquons le village de Lang-kinh, où ils se fait des échanges importants avec les Mois des montagnes, et qui marque à peu près la limite sud des cultures de la vallée de Nha-trang.

Une plaine basse et marécageuse nous sépare de la superbe forêt qui précède Hòa-tan.

L'entretien de la route se borne ici à couper et brûler, une fois ou deux l'an, les hautes herbes qui envahissent la saignée de déboisement pratiquée dans la futaie.

Ce passage est fort dangereux à cause du tigre, qui se glisse facilement dans les herbes jusqu'au bord de l'étroit sentier battu, et saisit au passage le malheureux *nhà quê* avant qu'il ait eu le temps de se reconnaître ; les accidents de ce genre sont fréquents.

Il existe de nombreuses coupures de la route qui rendent le trajet difficile pendant l'hivernage.

DE HÒA-TAN A HÒA-DU (17 kil. 960)

Les villages de Tang-loc à droite, et Lap-đinh à gauche de la route après Hòa-tan, cultivent de belles rizières dans une grande clairière presque toujours inondée ; mais les habitants ont à lutter contre les incursions d'un ennemi terrible, l'éléphant, qui se présente presque toutes les nuits au moment des récoltes. Aussi le pourtour de la plaine cultivée est garni de miradors où ils se tiennent la nuit. Lorsqu'un troupeau d'éléphants se montre, le veilleur qui l'aperçoit pousse des cris et frappe deux bâtonnets sonores pour effrayer les pachydermes. Tous les veilleurs font chorus et forment bien le concert le plus étrange que l'on puisse imaginer ; ce sont des hurlements plaintifs et modulés entremêlés de cris stridents et d'éclats de voix irrités que je ne pourrais mieux comparer qu'aux cris des grands singes du Đéo-cả lorsque je blessai un des leurs.

La petite chaussée qui traverse cette clairière est peu élevée, étroite et en mauvais état ; elle est coupée ou emportée tous les ans par l'inondation.

Après Lap-đinh, nous retrouvons la forêt, mais moins grandiose qu'au nord de Hòa-tan, et avec des espaces dénudés. Le fond du sol est sablonneux, tantôt dur et couvert d'un maigre gazon, tout désagrégé et d'une blancheur très fatigante pour les yeux.

Tout ce pays est absolument désert, sauf quelques pauvres cases que l'on rencontre dans une clairière à Dúong-đao.

On aperçoit la lagune de Cam-ranh à peu de distance sur la gauche ; le tram de Hòa-du n'en est qu'à 200 mètres.

Ce tram est assez vaste, bien construit et fortement palissadé pour le garantir contre les attaques des fauves.

DE HÒA-DU A HÒA-QUAN (14 kil. 660)

On continue à longer la lagune de Cam-ranh, tantôt très près, tantôt à quel-ques centaines de mètres. Nous sommes plus que jamais dans le désert, et on ne rencontre qu'une seule petite case à Mau-sô, sur le bord de la lagune.

Ces parages sont particulièrement fréquentés par les éléphants ; lorsque la saison des pluies les chasse des montagnes, ils viennent s'établir sur la lisière de la forêt et prennent chaque nuit leurs ébats aux dépens des poteaux télégraphiques. Il a été essayé plusieurs modes de protection pour notre ligne, mais tous sont restés partiellement infructueux.

Le surveillant chargé de la région en 1889 avait même creusé autour de chaque poteau un large fossé dont le déblai était rejeté, partie contre le pied du support, et partie en banquette extérieure, ce qui formait un véritable rempart. Cette défense à réussi pendant quelques mois, mais les pluies et le soleil ayant désagrégé les terres sablonneuses, le fossé s'est comblé rapidement. Dans les points où le sol était plus résistant, la cuvette avait retenu les eaux pluviales, les animaux venaient boire à ce bassin et faisaient ébouler les terres. Il fallait recommencer à chaque instant ce travail de Pénélope qui durait d'autant moins que les terres remuées perdaient de plus en plus de leur consistance, et nous avons dû renoncer à ce système insuffisant et fort coûteux. En dernier ressort, nous avions laissé sur place une équipe qui partait chaque matin des trams de Hòa-du ou Hòa-quan pour réparer les dégâts de la nuit précédente.

3.

Les coolies trams racontent qu'ils ont vu plusieurs fois, la nuit, le troupeau se livrer à son divertissement favori, et que *toujours* il était conduit par un énorme éléphant mâle qui avait été autrefois en domesticité chez le Tông-dôc de Nha-trang, et à qui on avait dû rogner les défenses parce qu'elles se croisaient; c'est cette particularité qui l'avait fait reconnaître. Les habitants affirment très sérieusement que c'est pour se venger des humiliations de son ancienne servitude que ce déserteur s'acharne sur notre ligne, et qu'il a parfaitement conscience du dommage qu'il nous cause...

J'ai recommandé un autre moyen de protection qui jusqu'à présent paraît donner des résultats tout à fait satisfaisants : il consiste à entourer le pied des supports de branches d'une sorte d'épine spéciale aux forêts rabougries des régions sablonneuses; cette épine projette horizontalement autour de sa tige des branches droites de la grosseur du pouce et garnies de piquants très forts, longs de 6 à 8 centimètres. Les indigènes n'ont pu me donner que son nom générique *d'épine* (cây gai).

Ces branches épineuses sont appliquées tout autour du poteau jusqu'à une hauteur de 2ᵐ 50 à 3 mètres, et maintenues par des ligatures de fil de fer de cinquante en cinquante centimètres. Ce système fort simple réussit mieux que les fortifications, car si l'éléphant a la peau d'une épaisseur à défier la balle ordinaire, il est cependant très sensible aux piqûres, et un essaim de moustiques suffit à l'affoler complètement.

La route s'infléchit rapidement au Sud-Ouest en approchant du village de Ba-ngoi où se trouve le tram de Hoà-quan. On laisse à droite, à environ deux kilomètres de la route, un massif boisé qui paraît isolé de la grande chaîne.

Les habitants de Ba-ngoi sont fiers de leurs trois ponts en bois, dont l'un mesure environ 100 mètres; ils sont réellement très solides et fort bien construits. Quelques maigres rizières entourent le village, qui s'occupe plus particulièrement de pêche.

Ici encore le tram est fortement palissadé, et ce n'est pas une vaine précaution : pendant la nuit, le tigre, attiré sans doute par les chevaux attachés dans la cour, a rôdé continuellement autour du poste, poussant par intervalles le coup de clairon strident de son cri de chasse.

DE HOÀ-QUAN A HOÀ-LAI (26 kil. 620)

Après Hoà-quan, nous avons 8 à 9 kilomètres de marécages vaseux à traverser pour contourner le fond de la baie de Cam-ranh; il n'y a pas de route à proprement parler : c'est le niveau de la marée qui fixe le point où l'on peut franchir les petites coupures qui se remplissent à marée haute.

Le village de Do-ta forme un agréable oasis de rizières à l'entrée d'un défilé de 800 à 1.500 mètres de large sur 12 kilomètres de longueur, fermé à l'Ouest par un puissant contrefort de la grande chaîne, et à l'Est par un massif isolé dont l'autre versant s'avance jusqu'à l'entrée de la baie de Cam-ranh et se termine par le faux cap Varella. A Do-ta, comme à Hoà-tan, les rizières sont défendues contre les incursions des éléphants par des veilleurs de nuit juchés sur des miradors.

La route traverse une futaie magnifique dans laquelle il a été pratiqué une saignée de 50 à 60 mètres de large. Pendant les pluies, certaines parties de ce défilé sont transformées en véritable torrent; on a établi récemment des ponts sur les coupures étroites mais profondes qui traversent la route.

Nous remarquons des traces nombreuses et toutes fraîches d'éléphants, de buffles et de tigres. Une troupe de singes de grande taille gambade sur la cime d'un arbre énorme, et détale de la façon la plus amusante au premier coup de carabine. Mais nous n'avons pas de temps à perdre à la chasse; l'étape est longue à franchir pour arriver au premier tram.

Une petite clairière est cultivée en rizières au village hoï de Đa-biên après lequel le paysage change d'aspect; le défilé est moins boisé et marqué de clairières entourées de bambous qui sembleraient indiquer que ces parages ont été cultivés autrefois par des tribus chams ou moïs aujourd'hui dispersées.

La végétation devient de plus en plus pauvre jusqu'au petit col de Sui-đa que l'on franchit en pente à peine sensible. Sui-đa était autrefois un relais de tram; on voit encore les traces de l'ancien bâtiment.

Après Sui-đa on serre de plus près le massif de gauche, tandis que le contrefort de l'Ouest s'écarte pour aller fermer au loin l'immense plaine de Phan-rang.

Le tram de Hoà-lai est très vaste, construit en briques, entouré d'un mur en pierres avec une cour dallée. C'est le plus beau de tous les relais de trams de l'Annam.

DE HOÀ-LAI A HOÀ-MAI (16 kil. 620)

Les cultures commencent à reparaître de l'autre côté du tram, dans une plaine arrosée par un gros cours d'eau qui passe à Ngon-son; le pont a été enlevé par les dernières crues.

A trois kilomètres de Hoà-lai, on trouve à gauche, sur le bord de la route, les ruines de trois tours chams, encore bien conservées et rappelant celles du Binh-dinh et de Nha-trang.

Nous traversons ensuite une grande plaine inculte, couverte d'une végétation rabougrie et semée de clairières de hautes herbes ; ce plateau est légèrement surélevé et souffre beaucoup de la sécheresse.

Des rizières insuffisamment arrosées lui succèdent en arrivant au village de Du-khanh qui s'occupe plus spécialement de l'exploitation de vastes salines près d'un massif aride au pied duquel vient s'ouvrir la rade de Nai.

L'ancienne route mandarine se prolonge dans la direction du Sud-Ouest, mais une nouvelle route, fort bien entretenue, a été construite il y a quelques années sur les ordres de M. Brière pour rejoindre le poste de Phan-rang ; elle traverse une riche plaine semée de nombreuses maisons et couverte de cultures magnifiques que l'on était déshabitué de voir depuis la vallée de Nha-trang.

CHAPITRE VI

DE PHANG-RANG A THUAN-LANG (29 kil. 340)

Le cap Padaran. — La brèche du Padaran.

La plaine de Phan-rang est l'une des plus grandes, et pourrait être la plus riche de l'Annam. Elle est enserrée en cirque au pied de hautes montagnes, et mesure environ 50 kilomètres de diamètre. Les Chams ont fait autrefois de merveilleux travaux de canalisation pour irriguer la plaine avec les eaux du Krong-prong (Sông-ca), mais ces canaux n'ont pas été entretenus par les conquérants annamites, et la majeure partie de la contrée, surtout dans la région qui avoisine les montagnes, demeure actuellement inculte.

Je regrette de ne pouvoir reproduire ici la très remarquable étude que M. Aymonier a faite sur le Binh-thuan, avec la haute compétence que ce fonctionnaire devait y apporter après le séjour qu'il a fait dans cette province. On y voit, avec la description géographique du pays, l'état misérable de servitude et d'oppression où sont réduits les Chams, premiers possesseurs du pays.

La monographie de M. Aymonier, sur le Binh-thuan, a paru dans les *Excursions et Reconnaissances* (Saigon, 1885), et a été reproduite en grande partie dans le *Voyage d'exploration de Hué en Cochinchine*, de M. C. Paris (Leroux, éditeur, 1889).

Je renvoie à ces deux publications les lecteurs qui désireraient sur cette région des détails que le cadre restreint et le but spécial de mon travail ne me permettent pas de reproduire ici.

Depuis quelques années, un missionnaire français, le P. Vuillaume, qui dirige la chrétienté de Lang-mun, près de Phan-rang, fait creuser et réparer des canaux d'irrigation qui ont déjà donné les plus merveilleux résultats et lui ont permis d'obtenir de magnifiques récoltes de riz. Il se propose de continuer dans toute la mesure que lui permettront ses ressources forcément limitées. Il y a là un exemple qui devrait être suivi, et qui est bien fait pour tenter des colons sérieux, disposant de quelques capitaux; mais il est à peine besoin d'ajouter que pour diriger une exploitation de cette nature il serait indispensable de connaître suffisamment la langue et les mœurs des indigènes, et que toute brutalité, comme toute injustice, amènerait des déconvenues en provoquant soit des désertions, soit la force d'inertie contre laquelle il est impossible de lutter. Le succès de l'entreprise dépendrait de toutes ces conditions, qui sont d'ailleurs, on en conviendra, fort réalisables.

Le Binh-thuân produit des bois magnifiques, parmi lesquels il faut citer au premier rang le kẻ-sưng, le cây xoai, le căm-xe, le cây muông; viennent ensuite le sao sưng, le cây găng, le cóc đa đá, le cây sò, le cây gỗ sưng, le gỗ cathê, etc...

Les bâtiments affectés à la garde civile à Phan-rang, et qui comprennent un pavillon pour le résident de passage, renferment de splendides échantillons de tous ces bois.

J'ai vu à mon passage à Phan-rang une table faite d'une seule planche, et mesurant deux mètres de diamètre et dix centimètres d'épaisseur.

Phan-rang possède à Nai un port fréquenté principalement par de petits bâtiments qui viennent prendre des chargements de sel; un poste de douane est installé à Nai.

En quittant Phan-rang pour le Sud on traverse le Sông-ca, qui mesure environ 400 mètres de large d'une amorce à l'autre de la route. A la saison sèche, le Sông-ca se traverse à gué, mais, bien que le climat de Phan-rang offre cette particularité qu'il n'y pleut presque jamais, les inondations sont plus violentes et plus désastreuses, que nulle part lorsque des orages éclatent dans les montagnes voisines.

La route traverse une campagne semée de nombreux villages et couverte de rizières ou de cultures diverses; il y aurait peu à faire dans cette région pour obtenir une très belle voie de communication. L'ancienne route mandarine vient rejoindre au village cham de Chung-mỹ la route que l'on suit actuellement pour passer par l'agglomération de Phan-rang. On voit à Chung-mỹ les ruines très bien conservées de trois tours chams en briques.

Une animation extraordinaire règne dans la campagne au moment de mon passage : les récoltes sont mûres; partout on coupe le riz et on l'amène sur des aires préparées en plein champ; tout le monde est dehors et occupé; les femmes, les enfants, les vieillards, comme les hommes valides, trouvent à s'utiliser ; de petites cahutes passagères ont été installées autour des aires : les invalides gardent les enfants en bas âge et préparent les aliments : on dirait une four-milière en alerte.

On trouve le tram de Thuân-trinh au gros village de Nhu-lam, à 12 kil. 400 de Phan-rang.

DE THUAN-TRINH AU CAP PADARAN (20 kil.)

Nous allons quitter la route mandarine pour faire une excursion jusqu'au phare du Padaran, situé à 20 kilomètres au sud-ouest du tram de Thuân-trinh.

On prend d'abord à travers champs pendant un kilomètre, jusqu'au village cham de Vang-lam, puis on entre dans la brousse ; sur la droite, le massif isolé du Padaran se rapproche, et l'on franchit un col minuscule pour tomber au delà sur un village cham barricadé à cause du tigre, Ngai-lap.

Ensuite c'est la forêt sans culture ; la route, sablonneuse et étroite, est très encaissée et sillonnée de traces nombreuses d'éléphants : ces animaux se rendent la nuit dans un vallon sur la gauche pour y boire, faire leurs ablutions et prendre leurs ébats.

On arrive par une pente douce jusqu'au bord de la mer au village pêcheur de Son-hai, à l'entrée d'une petite lagune.

Le rivage de Son-hai est couvert de madrépores dont on pourrait faire de la chaux ; ces débris de coraux sont détachés du banc qui forme ceinture sur la côte depuis l'embouchure de la rivière de Phan-rang jusqu'à Son-hai.

Au delà de ce village, nous trouvons la dune mouvante sur une longueur de 4 kilomètres. Pendant la mousson de Nord-Est, les sables sont refoulés con-tre le pied du massif principal à l'Ouest, l'eau de pluie est arrêtée par ces masses de sable et forme des réservoirs naturels où le personnel du phare va s'appro-visionner. Il est bon, pendant la saison pluvieuse, d'être très circonspect dans certains passages en contre-bas où l'on enfonce comme dans une tourbière : plus l'on ferait d'efforts pour se dégager et plus l'on enfoncerait dans le sable délayé.

Le petit pic sur lequel est bâti le phare est complètement isolé du massif du Padaran ; la route en rampe qui y conduit est très rudimentaire, et pourtant il a fallu employer la dynamite pour la rendre à peu près accessible. Les rochers et le sol sont recouverts d'une brousse maigre et rabougrie brûlée par tous les vents.

Le phare lui-même est un bel édifice quadrangulaire en pierres de taille ; il est situé à 186 mètres d'altitude et possède un feu à éclats blancs et rouges, visible à 30 milles en mer. Il aurait été, au point de vue de la navigation, mieux placé sur la pointe Est du grand massif, au Sud-Est de l'emplacement actuel, mais on a dû renoncer à l'y construire par suite des difficultés d'accès et aussi pour raisons budgétaires.

Les montagnes du Padaran abritent du gibier de toute sorte, et des fauves se cachent en grand nombre dans ses forêts épaisses.

Les Chams connaissent un passage sous bois qui conduit du phare au village de Cana, au Sud, en 3 heures environ.

DE THUAN-TRINH A THUAN-LANG (16 kil. 940)

Le terrain est cultivé au Sud de Thuân-trinh, sur un espace de deux kilomètres, puis on retombe en plein pays sauvage et désert. On serre à gauche les contreforts du Padaran, et sur la droite la grande chaîne annamitique se rapproche ; elle s'avancera jusqu'au bord de la mer, formant ainsi un défilé connu sous le nom de *brèche du Padaran.*

Ce défilé est complètement boisé ; la route a été dégagée sur une largeur de 50 à 60 mètres, pour éviter comme toujours les surprises du tigre. Le terrain est complétement plan, de consistance solide, et se prêterait facilement à la construction d'une route résistante.

La trouée du Padaran était autrefois défendue par un petit fortin dont on voit encore les vestiges sur la gauche du chemin, à 4 kilomètres de la mer.

Puis, le sol devient marécageux avant d'arriver au tram de Thuân-lang, au moment de passer de la gauche à la droite du défilé : un pont en bois permet de franchir sans difficuté le cours d'eau qui va se jeter dans la lagune de Cana.

Cana est un gros village pêcheur qui fabrique également, et en grande quantité, de la chaux de madrépores et du sel ; ces articles sont exportés principalement sur Saigon.

Le tram de Thuân-lang est situé au pied de Nui-la-Ba, à deux kilomètres de la mer.

C'est ici que se termine, à proprement parler, la route mandarine de l'Annam ; en effet, ainsi que nous le verrons dans la seconde partie de ce travail, il n'existe plus au Sud de route continue ; c'est le rivage de la mer que l'on suit presque sans interruption.

FIN DE LA PREMIÈRE PARTIE

DEUXIÈME PARTIE

De la brèche du Padaran en Cochinchine

CHAPITRE PREMIER

DE CANA A PHAN-RY (45 kil.)

De Thuân-lang à Thuân-hao (14 kil. 700)

Avant de d'écrire le tracé de la route haute qu'il serait utile de construire pour éviter les inconvénients du parcours actuel, je commencerai par donner l'itinéraire suivi en ce moment par les coolies trams et les indigènes jusqu'en Cochinchine.

A deux kilomètres du tram de Thân-lang on arrive au bord de la mer, et l'on tourne brusquement à l'Ouest, entre la montagne et le rivage. On distingue alors à droite, disposée en gradins sur un contrefort de Núi-la-Ba, une petite pagode fort pittoresque appelée Miêu-cô-Hi. Jusqu'au petit cirque de Suôi-nước, la route longe le rivage; quelques coups de mine la débarrasseraient des roches qui l'encombrent.

A Suôi-nước, un petit mamelon rocailleux vient baigner jusque dans la mer; il serait nécessaire de pratiquer à la dynamite un chemin en corniche de 300 mètres de longueur environ. On passe ensuite dans la brousse, entre de petites dunes et la montagne qui s'éloigne insensiblement.

Enfin au hameau pêcheur de Vưc-lơ, on s'engage définitivement sur le rivage, que l'on ne quittera plus que rarement. Le sol est formé de sable durci que la mer ronge en falaises à pic; une sorte de petite épine rampante rend le parcours absolument impossible aux indigènes sur la plaine inculte.

A 1.800 mètres avant le tram de Thuân-hao, on franchit les dunes mouvantes qui précèdent la lagune et les salines du gros village pêcheur de Ðôm ou Vinh-hao, situé en face de l'île appelée Poulo-Cécir de terre ; un pont en bois de 75 mètres de long permet de franchir le bras de la lagune qui remplit à marée haute ; le goulet est profond mais mesure à peine cinq à six mètres de large.

Le tram de Thuân-hao est vaste et construit en briques ; les bois de charpente sont magnifiques, mais, comme presque tous les relais de trams, il est bien mal entretenu.

De Thuân-hao à Thuân-cương (11 kil. 400)

En quittant le tram, la route retombe sur le rivage que l'on suit sur une longueur de six kilomètres jusqu'au village de Lang-hương, laissant à l'ouest un petit groupe de collines dans la plaine en grande partie boisée. Entre les villages de Lang-hương et de Lang-sông s'ouvre l'estuaire d'un large cours d'eau appelé rivière de Lang-hương par les Annamites et Ka-rang par les Chams.

Tont près du gros village pêcheur de Lang-sông on aperçoit une riche pagode nouvellement construite, à une faible distance du huyên de Tri-Phong.

De Thuân-cương à Thuân-phu (18 kil. 840)

Le tram de Thuân-cương ou Thuân-vang s'élève au milieu de la pointe de La-gang, tout près d'un petit étang (Ban-tay) où foisonnent les sarcelles et les canards sauvages. Du tram à la mer, la route sinueuse traverse une lande élevée, inculte, sablonneuse, légèrement mamelonnée, avec quelques dépressions cultivées en maïs, cannes et patates.

On franchit la dune au village de Sưng-lang, renommé pour sa fabrication de nước mắm, puis l'on suit le rivage sur une grève de sable dur de plus de trois kilomètres de long, séparée d'une autre plage plus petite de sable mou par une pointe minuscule où s'élève le hameau de Quang-cơ.

Une autre pointe d'un kilomètre de large, terminée par une mass[e] rocheuse, abrite à l'ouest les trois villages groupés de Mỹ-hip, Đương et Bathi, bâtis en amphithéâtre au fond d'une petite baie, et qui s'emploient à la pêche et à la fabrication du nước mắm ; d'importantes salines sont aussi exploitées, et un vapeur américain se trouvait sur rade à mon passage, chargé de dix mille piculs de sel (six cents tonnes).

A un kilomètre au delà de Mỹ-hip on traverse un ancien cimetière envahi par la mer et dont les tombeaux en maçonnerie gisent épars et bouleversés au milieu de la plage.

En arrière du rivage, à une distance variant de quelques dizaines de mètres à un kilomètre, des dunes immenses de sable mouvant d'une blancheur éclatante s'étagent depuis le village de Surng-sang jusqu'à Phan-ry (environ 10 à 12 kilomètres) rendant illusoire toute tentative de création d'une route praticable sur le bord de la côte. Les régions des dunes sont appelées Gohoul par les Chams et, d'après eux, ces Gohouls se sont envolés de la mer.

Les coolies trams quittent la plage un peu avant d'arriver au port de Phan-ry, pour se diriger directement sur le relai de trams qui se trouve à deux kilomètres de la mer, sur la route qui conduit à la citadelle.

Le port de Phan-ry est fréquenté par la grosse batellerie indigène, et fait un commerce important de poisson et de nưoc măm. L'agglomération est assez considérable, mais le séjour de ce poste est rendu fort désagréable par l'insupportable odeur du poisson en fermentation dans les cuves pour la fabrication de la saumure.

Phan-ry exporte, particulièrement en Cochinchine, de la chaux de madrépores.

Indépendamment du bureau télégraphique, le poste de Phan-ry comporte une petite garnison de gardes civils sous les ordres d'un garde principal.

La route du port qui conduit à la citadelle du Bính-thân, située à neuf kilomètres dans l'intérieur des terres, sur le bord de la rivière de Phan-ry, est étroite, mais très bien entretenue ; des ponts en bois ont été construits sur tous les affluents de gauche de la rivière.

A trois kilomètres de la mer, on aperçoit un ancien fort complètement délabré qui n'a plus de garnison. En face, sur l'autre rive, à droite de la route, l'ancienne citadelle sert de résidence au huyện de Hoa-đa.

Les villages se succèdent presque sans interruption sur la rive gauche, bien cultivée, jusqu'à la résidence des autorités indigènes du Bính-thuân.

A mon arrivée, il y avait grand émoi à la citadelle : le Quan-bô était mort depuis quelques jours, l'An-sät venait de mourir et le huyện était gravement malade. Le nouveau Quan-bô n'était pas encore installé dans son logement ; il avait mis pied à terre en dehors de la citadelle, dans une maison particulière ; il me fit dire qu'il ne pouvait me recevoir immédiatement, et, en effet, il était tout entier à des cérémonies bruyantes et à des prières où le tam tam et les pétards jouaient le principal rôle pour éloigner les mauvais génies qui hantaient la citadelle — sans doute, les esprits des anciens Chams dépossédés.

Il me délégua le Lanh-bính pour faire mettre à ma disposition ce dont j'aurais besoin. Le Lanh-bính, tout militaire qu'il était, ne paraissait pas lui-même très rassuré, et il me dit confidentiellement que, si je voulais bien, la nuit suivante, tirer un coup de fusil dans l'arbre situé à la porte de la citadelle, je tuerais infailliblement la forme blanche qui y apparaissait toutes les nuits et qui semait la mort parmi les habitants. Je lui promis bien volontiers d'accéder à son désir, après lui avoir fait observer toutefois que lui-même aurait pu le faire depuis longtemps puisqu'il avait des armes et des munitions : « Oh ! qui de nous l'oserait ! » me dit-il d'un air si effrayé et si stupéfait que je ne pus garder mon sérieux.

Mais son désir ne devait pas être exaucé. Je comptais, le lendemain matin, commencer l'exploration des terres hautes situées entre Phan-ry citadelle et la brèche du Padaran, lorsque je reçus un télégramme du Đoc-phu-Nghiêm, délégué du Résident du Thuân-khanh pour l'administration du Bính-thuân, qui me demandait de me rendre d'abord à Phan-thiêt, d'où il pourrait sans doute m'accompagner dans mes recherches de la route haute.

Je contremandai donc mes coolies porteurs auprès du Lanh-bính et me mis en route après dîner pour regagner le port de Phan-ry que je devais quitter le lendemain de grand matin.

J'étais accompagné du gérant du bureau de Phan-ry, qui était venu m'apporter le télégramme du Đoc-phu, et du surveillant des lignes de la région. Le Lanh-bính nous fit donner des porteurs de torches et nous partîmes au grand trot de nos chevaux. Je pus alors me rendre compte une fois de plus de la remarquable organisation de l'administration communale dans l'Annam. Nos porteurs de torches nous précédaient ou trottaient à nos côtés — à pied, bien entendu — ; à chaque limite de territoire d'un village, les veilleurs de nuit, prévenus par les cris de nos guides et par la vue de nos torches, accouraient au-devant de nous avec de nouveaux flambeaux et relayaient nos porteurs essoufflés ; ce changement de personnel se renouvela une douzaine de fois peut-être sur la route, sans aucun retard, sans que nous ayons été obligés même une seule fois de mettre nos montures au pas.

Cette course précipitée dans la nuit, à la lueur vacillante des torches fouettées par le vent, au milieu de cris d'appel prolongés, lugubres, vrais hurlements de sauvages, avait quelque chose de fantastique qui nous frappa vivement. Et les villages n'avaient pas été prévenus, puisque je n'avais avisé de mon retour qu'au moment de me mettre en route. Il n'y avait donc là, sans aucun doute, que l'application d'une consigne générale exécutée chaque fois qu'un mandarin voyage de nuit.

CHAPITRE II

DE PHAN-RY A PHAN-TIÊT (62 kil. 780)

De Thuân-phu (Phan-Ry) à Thuân-Dong (19 kil. 840)

La rive droite de la rivière de Phan-ry, depuis la citadelle jusqu'à la mer, est une lande élevée, de nature argilo-sablonneuse rougeâtre, et couverte d'une maigre végétation épineuse : c'est le grand gohoul des Chams. On remarque toutefois, près de la mer, les villages de Thương-thi et de Tang-phu, dans une dépression cultivée.

La rivière mesure plus de quatre cents mètres en face de l'agglomération de Phan-ry.

On longe, à travers des dunes mouvantes, la lande broussailleuse au pied de la falaise de sable rouge qui la limite, sur une longueur de cinq kilomètres avant de reprendre le rivage de la mer que l'on ne quitte que cinq kilomètres, plus loin pour couper la pointe Guio.

On rencontre bientôt le village de Bên-nhon, petite oasis de terre noire fertile que l'on est tout surpris de trouver au milieu de ces régions arides ; mais elle est envahie lentement au sud-ouest par la montagne mouvante que le vent pousse grain à grain et qui tombe en talus suivant la pente naturelle des terres, ensevelissant des coins de récoltes au milieu de leur pleine croissance.

Au delà c'est la dune de sable pur, le désert mouvant dans toute sa désosolation, où le cheval enfonce jusqu'au genou.

La ligne télégraphique présente par endroits l'aspect le plus singulier : certains poteaux ont été complètement déchaussés et sont appuyés dans toute leur longueur sur les collines de sable ; d'autres sont recouverts jusqu'à l'isolateur, et j'ai pu passer plusieurs fois par-dessus le fil conducteur sans descendre de cheval. Quelques semaines ou quelques jours plus tard ces mêmes poteaux seront peut-être déplantés à leur tour par le jeu incessant de cette mer solide.

Et l'on marche ainsi pendant quatre kilomètres, sous un soleil de plomb, les yeux brûlés par un souffle de feu et aveuglés par la réverbération, puis tout à coup on aperçoit un lac aux eaux limpides et profondes, envahi lui aussi par la marche en avant du sable qui monte vers le nord. Un talus de sable mouvant de 15 mètres de hauteur limite au sud le lac de Bâu-tráng.

Le tram de Thuân-đong est situé au sud-ouest, entre le lac et la route solide que l'on trouve après la dernière dune. En face du tram est bâtie une ancienne pagode célèbre dans le pays.

De Thuân-đong à Thuân-cang (16 kil. 980)

Après avoir longé le lac de Bâu-trang sur une longueur d'un kilomètre, on tourne brusquement au sud-ouest, à angle droit, par une route sur sol ferme qui traverse un terrain légèrement accidenté recouvert d'une végétation malingre, laissant à gauche un monticule qui se prolonge vers la pointe Guio. On retombe brusquement sur le rivage au village pêcheur de Bính-nhưng, coquettement posé au pied de la colline, et l'on suit la plage déserte pendant plus de huit kilomètres, laissant à droite des dunes mouvantes qui augmentent d'élévation à mesure que l'on avance. Presque en face et tout près de Binhnhưng on aperçoit l'îlot de Hon-nhe.

Trois kilomètres avant d'arriver au tram de Thuân-Cang on traverse la pointe de Lang-song, par une route tortueuse qui se déroule entre des mamelons de sable recouverts de rares broussailles. Le tigre fréquente beaucoup ces parages, mais l'indolence annamite n'a rien fait pour protéger le poste de tram dont les murs d'enceinte tombent en ruines et dont toutes les portes ont disparu depuis longtemps sans doute.

De Thuân-cang à Thuân-tân (13 kil. 120)

A la sortie du tram de Thuân-cang on descend, au village de Lang-song, sur une petite plage de sable dur de trois kilomètres et demi, puis l'on franchit, à travers les éternelles dunes mouvantes, la pointe de Muí-nê, par une route sinueuse de deux kilomètres.

Muí-nê est un gros village de pêche, très aggloméré, coupé de ruelles étroites glissant entre les palissades de palétuviers qui entourent les habitations ; les habitants s'adonnent en grand à la fabrication du nươc măm ; aussi l'odeur qui s'échappe des cuves, jointe aux exhalaisons des détritus de poisson pourri que la mer roule éternellement sur le rivage, et aux relents pestilentiels qui s'élèvent des immondices d'un village où les Chinois dominent, forme bien la plus épouvantable épreuve que puissent subir les nerfs olfactifs d'un européen ; il faut avoir séjourné dans un village cambodgien fabriquant le *prâhok*, sur les bords du Toule-sap, pour se faire une idée de la puanteur qui se dégage de Muí-nê ; et pourtant un agent français du service des douanes est forcé d'y séjourner en résidence temporaire, pendant la mousson de nord-est, pour la perception des droits sur les jonques annamites et chinoises qui viennent chercher un abri, ou prendre des chargements de poisson frais, de poisson salé ou de saumure !

Au sortir de Muí-nê, le voyageur aborde à nouveau la grève uniforme qui se déroule devant lui, sur une longueur d'au moins dix kilomètres. Au tiers de cette distance, le village riverain de Tiên-nghiêp rompt la monotonie du parcours ; on trouve ensuite, à trois kilomètres plus loin, le tram de Thuân-tân, case isolée au milieu de ce désert ; en arrière, la falaise rouge masque l'interminable lande broussailleuse de sable durci.

De Thuân-tân à Thuân-phan (12 kil. 840)

Après avoir parcouru encore trois kilomètres, on aborde une petite pointe rocheuse qui annonce l'approche du gros mamelon cultivé de Pho-hai, sur lequel on s'engage bientôt. Du sommet de la colline l'œil embrasse la plaine de Phan-thiêt, avec, au premier plan, le fort village de Pho-hai, sur le bord de la rivière qui lui a emprunté son nom, et que l'on franchit sur deux ponts en bois ; au-delà, des marais salants en pleine exploitation auxquels succèdent trois kilomètres de dunes mouvantes qu'il faut franchir avant d'arriver au tram de Thuân-phan ; sur la gauche de la colline, dominant Pho-hai, les débris d'une tour et d'un édicule chams en briques se dressent comme les témoins d'une civilisation disparue.

Phan-thiêt est de beaucoup la plus forte agglomération de la côte d'Annam. La rivière de Phan-thiêt, le Song-ca-Thê, forme dans sa partie inférieure un port sûr et assez vaste, mais dont l'accès devient de plus en plus difficile à cause de la barre qui s'accentue continuellement et du chenal sinueux que les grosses jonques ne peuvent plns franchir qu'à marée haute.

Entre Pho-hai et Phan-thiêt, au delà des dunes mouvantes du rivage, s'étend une vaste plaine basse, inondée aux hautes marées, et où l'on fabrique du sel en quantité considérable.

Phan-thiêt s'adonne plus spécialement à la fabrication du nươc năm, et ce produit jouit d'une réputation méritée. Le commerce d'exportation, presque en entier entre les mains des négociants chinois de Phan-thiêt et de Pho-hai, comprend le sel, le nươc măm, et le poisson frais, sec ou salé.

Le Đoc-phu-Nghiêm a sa résidence à Phan-thiêt, dans une petite enceinte qu'il a fortifiée et où il dispose d'un poste de 25 miliciens.

On trouve à Phan-thiêt un bureau télégraphique et un poste de douane important ; c'est de ce poste que dépend le préposé détaché temporairement à Muí-nê.

Depuis mon passage, le Đoc-phu a fait construire sur la rivière de Phan-thiêt, pour relier les deux parties de la ville, un solide pont en bois de 156 mètres de longueur; il faut espérer que, mieux que ses devanciers, il pourra résister longtemps aux fortes inondations de la vallée de Phan-thiêt.

CHAPITRE III

DE PHAN-THIÊT AU CAP BA-KÉ (89 kil.)

De Phan-thiêt, ou Thuân-phan, à Thuân-ly (14 kil. 160)

C'est de Phan-thiêt que j'ai commencé mes recherches de la route haute vers Phan-ry et la brèche du Padaran d'abord, puis de Phan-thiêt vers Tanh-linh et les arrondissements de Biên-hoa et Ba-ria en Cochinchine ; mais pour plus de clarté et de méthode je terminerai dès maintenant l'aperçu sur la route des trams ou de la plage, que je ne suivis que quelques semaines plus tard, après mes explorations dans le haut Bính-thuân.

Après avoir traversé la principale agglomération de Phan-thiêt, qui s'étend sur la rive droite du Song-ca-Thê, la route des trams tombe sur le rivage, à 2 kilomètres de Phan-thiêt.

La lande immense qui s'étend au sud-ouest ne fournit que quelques pauvres hameaux clairsemés, entre autres la chrétienté de Sui-sưng. Cette lande présente la plus grande analogie avec la plaine rougeâtre que nous avons vue sur la rive droite de la rivière de Phan-ry; ici, en effet, on retrouve des dunes mouvantes, mais relativement basses, au pied de la haute falaise de terre rouge que couronne une crête de bruyères et de brousse épineuse.

La plage se déroule uniforme, interminable, jusqu'au petit village pêcheur de Xom-biên, à 1.500 mètres avant le tram isolé de Thuân-ly.

De Thuân-ly à Thuân-lam (14 kil. 740)

Après Thuân-ly on descend encore au Sud vers la plage sur une longueur de 5 kilomètres, jusqu'au village de Lang-kim.

A Lang-kim, un sentier sinueux suit sur un parcours de 3 kilomètres le ruisseau sans importance qui baigne la vallée.

Des deux côtés de la route le terrain est très boisé et donne asile à des quantités de cerfs, de tigres et surtout d'éléphants, dont les traces couvrent le sol. Dans cette saison, en effet, ils sortent toutes les nuits des forêts qui couvrent la pointe Kéga et Núi-thi-Ðang pour venir boire au ruisseau de Lang-kim.

On passe au pied de la montagne appelée Núi-thi-Ðang ou Núi-ba-Ðang, du nom d'une vertueuse femme annamite qui y est morte.

Au Nord se dessine, à une dizaine de kilomètres, le pic élevé de Núi-tra-Cu.

Au-delà de Núi-thi-Ðang la route descend en pente douce sur le versant opposé, dans une coupée étroite pratiquée dans la forêt, et l'on arrive bientôt au trâm de Thuân-lam, à 9 kil. 500 de Lang-kim, près d'un village d'une trentaine de cases ; le tram est vaste, construit en briques et entouré d'un mur en pierres. Pendant la nuit une troupe d'éléphants est venue non loin du tram dévaster un champ de bananiers sauvages, mais nous avons été prévenus trop tard pour pouvoir les rencontrer.

De Thuân-lam à Thuân-trinh (13 kil. 680)

La route se poursuit au sud-ouest, au milieu de clairières marécageuses, sur une longueur de 3 kil. 500, avant de retrouver la plage que l'on suivra jusqu'au Sông-Maly.

Ici les dunes anciennes ont été presque entièrement rongées par la mer, et les hautes marées arrivent sensiblement au niveau de la forêt marécageuse que la mer a d'ailleurs dû couvrir autrefois.

Le Sông-maly, appelé Sông-phan dans sont haut parcours chez les tribus moïs, se termine en lagune sur deux kilomètres de long, laissant à sa gauche une étroite langue de terre, et baignant sur la rive droite le très fort village de de Tam-tân, situé à 2 kilomètres avant le tram de Thuânh-trinh. La traversée du Sông-Maly se fait en bac ; un pont en bois de plus de 150 mètres de long permet de franchir un deuxième bras marécageux du fleuve.

On trouve à Tam-tân des bois magnifiques qui sont amenés des montagnes en radeaux sur le Sông-Maly.

De Tam-tân à Thuân-trinh, la route de sable franchit une pointe rocheuse d'où l'on découvre le tram à une faible distance.

De Thuân-trinh à Thuân-dung (16 kil. 540)

Les dunes réapparaissent après Thuân-trinh, immenses et désertes, jusqu'au Song-la-Gy que l'on met près de deux heures à atteindre en suivant le rivage.

Le Sòng-la-Gy ou Sông-hôi forme à son embouchure un vaste port fermé par une barre de sable, avec un étroit goulet, et donne abri à de nombreuses barques de pêche.

On remarque à La-gy une quantité de petits fours pour la cuisson du *cà mòi*, qui est ensuite expédié à Saigon ou chez les tribus moïs. Le Sông-hôi amène à La-gy des bois splendides qui servent particulièrement à la construction de jonques pour la Cour de Huê.

Entre le Sông-hôi et le Sông-cô-Chi, que nous trouverons en arrivant à Cu-my, s'étend le redoutable marais boisé appelé *Hô-ông-Quâc*, qui remonte à une distance inconnue dans les terres et vient confiner à la mer sur une largeur de plus de 15 kilomètres; il paraît en contrebas du rivage et n'en est séparé que par un petit talus naturel, reste de dune rongée par la mer. Ce marais insondable et pestilentiel serait peuplé de caïmans, et aucun Annamite ne consentirait à s'y engager, à quelque prix que ce fût.

C'est ici particulièrement que l'établissement d'une route en terre ferme est matériellement impossible, et qu'il est indispensable de chercher dans le nord, au-delà du marais, près des montagnes, la voie de pénétration qui permettra de relier l'Annam à la Cochinchine.

Le tram de Thuân-dung est à 6 kilomètres de La-gy : c'est une misérable case isolée, jetée dans une petite clairière tourbeuse au bord du rivage, et encadrée par la forêt basse, noyée et jamais explorée.

Il ne s'y tient qu'un nombre très restreint de coolies trams, recrutés à La-gy ; aussi faut-il peu compter sur ce relais pour trouver des porteurs.

De Thuân-dung à Thuân-phưức ou Cu-my (17 kil. 580)

Le *Hô-ông-quâc* se prolonge encore à 7 kilomètres au-delà de Thuân-dung, jusqu'aux dunes boisées qui cachent le village cham de Phu-tri, situé à 1.500 mètres dans l'intérieur des terres.

Ici on peut traverser les dunes et, suivant la direction N.-O., côtoyer les derniers enfoncements du grand marais, arriver à Phu-tri, au centre d'une plaine cultivée de quelques kilomètres carrés, et de là se diriger par une route solide jusqu'au tram de Thuân-phưức. Les coolies trams, sans doute par crainte des bêtes féroces, suivent de préférence la route de la plage.

Les dunes boisées dominent jusqu'au village de Hô-thi-lang, que vient baigner la lagune profonde formée par le Sông-cô-chi et la rivière de Cu-my ; cette lagune a deux issues, déversoirs des rivières et du marécage, distantes chacune de Cu-my de 4 kilomètres, à l'Est et à l'Ouest. La langue de sable qui sépare la lagune du rivage est très étroite, et, en face de Cu-my, elle est si basse que les hautes marées doivent parfois la recouvrir. Des palétuviers gigantesques, au feuillage d'un vert noir, la bordent du côté des terres où elle fait sentir assez loin son influence marécageuse.

Les bateaux pêcheurs, très nombreux, servent de bac pour gagner l'agglomération importante de Cu-my et le tram de Thuân-phước, le dernier de l'Annam.

De Thuân-phước (Annam) à Thuân-biên (Cochinchine), environ 20 kilomètres.

A 4 kilomètres au-delà de Cu-my, on franchit la lagune au gros village pêcheur de Tang-hai, construit partie sur la langue de sable et partie sur la terre ferme de l'autre côté du chenal, profond et étroit.

Après Tang-hai, le pays est complètement désert jusqu'au tram de Thuân-biên. Le cap Ba-kê, qui sépare l'Annam de la Cochinchine, se trouve sensiblement à 12 kilomètres de Cu-my et à 8 kilomètres du tram cochinchinois. La limite exacte des deux pays est un petit ruisseau qui coule, lorsqu'il existe, au pied et à l'Ouest du Ba-kê, car lors de mon passage il était complètement à sec ; un poteau indicateur supplée à son insuffisance.

Au pied du versant Est du mont Ba-kê, un lac d'un kilomètre d'étendue reçoit les eaux de la montagne et des forêts voisines ; nul doute qu'à l'hivernage il ne rompe les digues qui le séparent du rivage, et qu'il déverse son trop-plein dans l'Océan ; mais au mois de mars, lorsque je le vis, il était profondément encaissé.

La plage cochinchinoise se continue en une anse assez profonde, bordée de palétuviers, qui se termine à l'Ouest par une pointe de sable derrière laquelle apparaît le tram de Thuân-biên, au milieu d'un village pêcheur. Ici le tram est bien tenu, palissadé, planté de cocotiers, avec un enclos gazonné où l'on peut parquer les chevaux ; les allées sont sablées ; une cuisine à l'européenne a été installée dans les dépendances ; les pièces sont bien closes ; une table et des bancs rustiques attendent le voyageur ; on voit tout de suite que l'on a changé d'administration.

De Cu-my à Thuân-biên on rencontre en quantité des traces de tortues de mer qui sont allées pendant la nuit déposer leurs œufs dans le sable mou au pied des dunes ; la cachette est décelée par les larges traces rampantes laissées sur le sable, mais l'ingénieux animal, pour tromper sans doute les recherches, creuse souvent plusieurs trous, soigneusement nivelés ensuite, avant de confier ses œufs au nid d'éclosion ; les indigènes sont en effet très avides de ce produit, et parcourent la plage de grand matin pour s'emparer des pontes de la nuit.

J'ai déniché plusieurs de ces nids qui renferment parfois 150 œufs et même davantage ; la forme des œufs est absolument sphérique ; ils sont recouverts d'une sorte de pellicule molle mais très solide ; l'intérieur a beaucoup d'analogie avec le jaune des œufs de poule, mais il est plus granuleux; il est impossible de les faire durcir à la cuisson. Ils ont un goût générique, où se devine l'odeur de poisson, qui empêchera toujours de les faire accepter volontiers à un palais un peu délicat.

En résumé, la route des trams dans le Binh-thuân suit d'une manière générale le rivage de la mer, et comprend 188 kilomètres depuis le tram de Thuân-lang, près du Padaran, jusqu'au cap frontière de Ba-kê.

La première entrée sur la plage s'effectue au village de Suôi-nướớc, à 4 kilomètres au S.-O. de Thuân-lang. Le tracé fait ensuite sur la terre ferme, pour couper les pointes avancées, les embouchures des cours d'eau ou rechercher les agglomérations sur la côte, une douzaine d'incursions variant de quelques centaines de mètres à 13 kilomètres et 13 kilomètres 600 (pointe Kéga et pointe Guio), et formant comme total environ le tiers de la route ; c'est donc un minimum de 115 à 120 kilomètres qui doivent être faits *sur la plage*, et encore ne faut-il pas oublier que les tronçons de route intérieure ne sont la plupart du temps que des passages à travers des dunes mouvantes, passages à peines tracés et qu'un coup de vent peut balayer de façon à faire disparaître les traces du piéton qui vous a précédé la veille.

CHAPITRE IV

DE THUAN-LANG (CANA) A PHAN-RY-CITADELLE PAR LA ROUTE HAUTE (45 kil.)

C'est le 27 février 1892 que je me mis en route de Phan-thiêt pour la partie haute du Binh-thuân.

Le Ðoc-phu-Nghiêm, gracieusement autorisé par M. le Résident du Thuân-khanh, voulut bien m'accompagner dans cette excursion qui allait nécessiter des moyens de transport parfois difficiles à se procurer dans ces régions en partie désertes, et où nous allions rencontrer souvent les peuplades chams et moïs, refoulées vers les montagnes par les Annamites.

Le 2 mars nous arrivâmes pour déjeuner au tram de Thuân-hao, près du village de Vinh-hao ou Dom, où j'étais déjà passé dix jours auparavant en suivant la plage.

Ainsi que je l'ai exposé au chapitre premier, la route nouvelle s'amorcera au petit village de Suôi-nưóc, d'où, après avoir contourné à flanc de coteau un pic rocheux dont le pied vient baigner jusque dans la mer, elle passera en arrière des dunes jusqu'au hameau de Vưc-lơ.

Entre la haute montagne de Núi-la-Ba, qui s'éloigne du rivage à partir de Vưc-lơ, et le village de Vinh-hao, s'étend une plaine inculte, recouverte de brousse basse et épineuse près du rivage, et de bois rabougris vers la montagne; la route sera très facilement tracée sur ce terrain argilo-sablonneux suivant une ligne sensiblement parallèle à la plage, car il sera intéressant de passer à proximité de Thuân-hao, sinon dans le village même de Dom; son importance comme population et son commerce de poisson et de sel le désignent comme la véritable tête de ligne de la route haute.

De Thuân-hao on se dirige ensuite à l'Ouest, à travers une forêt maigre et clair-semée d'arbres épineux, rappelant comme forme nos pommiers d'Europe, et laissant un sous-bois très dégagé.

A 4.500 mètres du tram on arrive dans une clairière bizarre dont le centre est formé par une sorte de bassin bordé de concrétions blanches: c'est une source chaude très chargée en potasse. Cette source est la propriété des tribus moïs qui, moyennant une redevance royale annuelle de 176 cattis (un peu plus de 100 kilogrammes), ont le droit exclusif d'exploitation; mais ils se contentent de récolter le tribut pour la Cour de Huê, et ils laissent aux Annamites toute latitude pour s'y approvisionner ensuite.

Avant notre arrivée en Indo-Chine il était fait, paraît-il, un grand commerce de cette eau dè potasse que l'on transportait en quantité par mer à Saigon, où le savon était inconnu.

Au-delà de la source on prend la direction S.-O. pour franchir le défilé de Châu-quân, entre les mamelons qui se détachent en contrefort de la grande chaîne; ce défilé n'a que quelques centaines de mètres, et présente une dénivellation à peine sensible.

Tout près de là on aperçoit les débris à demi carbonisés de la petite église de Châu-quân, détruite lors des massacres des missions en 1885.

On est à l'entrée de la plaine de Ka-rang, habitée en grande partie par les Chams qui y comptent 5 ou 6 villages, notamment Trăng-hoa, Lang-co-Hau ou Cao-các, et Thi-thanh. Elle est traversée par la rivière de Ka-rang et sillonnée d'une quantité de petits ruisseaux étroits, restes des anciens canaux des Chams; les rizières sont nombreuses et fertiles. Le Sông Ka-rang, d'après des renseignements que je n'ai pu contrôler par moi-même, prendrait sa source au-delà du grand massif de Hoc-trôm, d'où il paraît sortir; il traverserait donc une vallée de coupure de la chaîne annamitique, et aurait son origine non loin du bassin du La-nga. Cette question serait intéressante à élucider; peut-être y a-t-il là un passage qui permettrait de relier la côte d'Annam au bassin du Don-naï par le La-nga. Ce qui donnerait une apparence sérieuse de vérité à cette opinion, c'est la largeur et l'importance du fleuve, que l'on s'imagine difficilement d'un parcours aussi restreint que la petite plaine qu'il arrose ; lors de mon passage le lit mineur était peu considérable, il est vrai, mais les cailloux roulés et les herbes charriées que le torrent avait accrochées aux buissons lors des récentes crues indiquaient suffisamment la puissance de son débit, de même, au surplus, que sa large et profonde embouchure à Lang-song.

Après avoir traversé le Sông Ka-rang, on laisse à gauche un massif isolé dont la route future viendrait raser la pointe Nord, puis les clairières cultivées s'éclaircissent ; les terrains abandonnés leur succèdent, et l'on retrouve la forêt claire et peu élevée, sur un sol plat recouvert d'un maigre gazon brûlé par le soleil.

Au Sud, on aperçoit par moments, au loin, les dunes élevées qui limitent la partie boisée de la plaine.

Sur un parcours de plusieurs kilomètres, on ne rencontre pas un cours d'eau, pas une mare où les gens et les bêtes puissent se désaltérer, puis on se rapproche rapidement d'une pointe élevée de la grande chaîne que l'on tourne pour prendre ensuite la direction Ouest. A 3 kilomètres de là nous apercevons quelques maigres rizières, insuffisamment arrosées, avec les traces encore très apparentes d'autres cultures abandonnées.

Le sentier suivi actuellement franchit, avant d'arriver au village cham de Mênh-mỹ, un large mamelon aplati de sable mouvant recouvert d'une végétation rabougrie, et que la route future devrait éviter en le tournant soit par le Sud, ainsi que le porte le tracé pointillé de ma carte d'après les avis que j'ai recueillis sur place, soit par le Nord, à travers les rizières abandonnées, et non loin du pied de la montagne. Malgré les renseignements qui m'ont été fournis, j'inclinerais plus volontiers pour ce dernier tracé, en dépit du léger allongement qui en résulterait, car je craindrais de rencontrer entre la partie Sud du mamelon et les dunes éloignées un sol très peu consistant et de nature essentiellement sablonneuse ; le massif de sable, qui mesure 6 à 8 kilomètres de tour, me paraît être la pointe avancée du Gohoul oriental de Phan-ry, recouverte à la longue par la végétation, mais où le sol restera encore à l'état de sable presque pur d'ici de longues années.

Pour m'en assurer *de visu*, j'aurais dû faire pratiquer préalablement des débroussaillements qui m'eussent retardé plus longtemps que je ne le pouvais, et qu'il sera toujours temps d'exécuter au moment opportun.

Au pied Sud-Ouest du mamelon de sable est construit le gros village de Mênh-mỹ, au bord d'une mare fangeuse où pataugent en toute liberté les bœufs et les buffles.

Mênh-mỹ n'est qu'à 5 kilomètres de la citadelle de Phan-ry, et désormais le pays est bien cultivé. Au village et à la chrétienté de Mâ Oi on traverse le Sông-gôi, affluent de la rivière de Phan-ry qu'il va rejoindre près de Miêu-hoàn.

Le huyện cham qui nous avait servi de guide et nous avait procuré des chevaux de rechange demeure près de la citadelle; les autorités annamites ne lui ménagent pas les corvées, pour se venger sans doute de ce que la Cour de Huê s'est décidée à permettre aux Chams l'accès du mandarinat jusqu'au grade de huyện, qu'ils ne peuvent d'ailleurs en aucun cas dépasser.

La route neuve à créer de Suôi-nươc à Thuân-hao, et de là à la citadelle de Phan-ry, ne comprend guère plus d'une quarantaine de kilomètres, et ne présente aucune difficulté matérielle d'exécution : le terrain est plat, de consistance solide, et les matériaux de charge se trouvent sur place ou à proximité : seules, les traversées du Sông-ka-Rang et du Sông-gôi devraient se faire, au moins au début, au moyen de bacs solides. Un pont serait toutefois facilement établi sur le Sông-gôi, qui mesure 60 à 80 mètres de large, mais le régime du Sông-ka-Rang devrait être étudié sérieusement avant de tenter la construction d'un pont.

La distance de Thuân-lang à Phan-ry-Port est très sensiblement la même que de Thuân-lang à Phan-ry-Citadelle, mais il faut remarquer que si ce dernier point est plus au Nord, il est aussi plus à l'Ouest que le port de Phan-ry.

La plaine de Ka-rang et la grande chaîne boisée abondent en gibier de toute sorte, depuis le tigre et l'éléphant jusqu'à la perdrix et le lièvre. Le chef du village de Thi-thanh nous avait demandé d'aller à l'affût d'un vieil éléphant mâle qui dévastait les rizières au pied du Hoc-trôm, mais, malgré une veille de toute une nuit dans une masure abandonnée, nous ne pûmes rien voir, et nous n'entendîmes que le grognement d'un tigre, que notre passage dérangeait ou inquiétait sans doute.

CHAPITRE V

DE PHAN-RY-CITADELLE A PHAN-THIÊT (63 kil. 640)

La rivière de Phan-ry, — le Krong Chanar des Chams — mesure cent mètres de large dans sa traversée en face la citadelle.

Lors de mon passage, le 4 mars, on la franchissait très facilement à gué, mais ses rives abruptes et profondément encaissées ne suffisent pas toujours à l'écoulement de ses eaux pendant la saison pluvieuse.

La rivière de Phan-ry roule des paillettes d'or ; les spécimens que j'ai vus étaient fort petits, mais dans le pays les habitants affirment que la rivière traverse des terrains aurifères très riches.

De Phan-ry-Citadelle à Phan-thiêt, une route tracée existe sur la majeure partie du parcours, et dans certains parages elle est bien entretenue et presque carossable ; c'est à l'administration intelligente du Ðoc-phu-Nghiêm que l'on est redevable de cette voie de communication. Elle se dirige à l'Ouest, suivant sensiblement la direction de la rivière, dont elle évite les coudes.

On rencontre de nombreux villages chams des deux côtés de la route : Tinh-mỹ, Yên, Chợ-ông-Hôm, Cong-đao, Tang-lục, Kli-tới, Tang-kiêt. Ces villages sont parsemés dans la vaste plaine de Phan-ry, au milieu de maigres rizières qui ne reçoivent que l'eau de pluie ; le Krong Chanar n'a pas d'affluent sur la rive droite dans toute cette plaine, et les eaux qui tombent sur l'immense lande qui la limite au Sud sont absorbées par le terrain spongieux.

Toutes ces rizières ne donnent qu'une récolte par an, et encore n'est-elle pas toujours suffisante pour nourrir les habitants dans les années de sécheresse ; aussi remarque-t-on quantité de terrains autrefois cultivés, abandonnés maintenant, et dont les petits talus, d'une régularité géométrique, simulent les cases d'un gigantesque échiquier.

Cette région était jadis habilement irriguée par les Chams, qui captaient l'eau au-dessus des rapides que l'on trouve à 12 kilomètres de Phan-ry ; on distingue encore très bien l'amorce de la prise d'eau, sur le bord de la route actuelle. Les travaux d'irrigation à exécuter pour revenir à l'ancien état de choses ne seraient pas énormes, et ils ramèneraient l'abondance et la richesse dans ce pays aujourd'hui misérable ; mais qui les entreprendra ? les Chams sont découragés et abâtardis par une longue période d'oppression et de servitude, et l'administration indigène ne prendra jamais non plus cette initiative.

A partir des premiers rapides jusqu'a Sú-nhưn, c'est-à-dire sur un parcours d'une dizaine de kilomètres, la route suit les détours de la rivière. Dans toute cette région les éléphants sont très nombreux en ce moment ; ils viennent chaque nuit boire à la rivière et retournent passer la journée à l'ombre dans la forêt, brisant et saccageant tout devant eux.

A deux kilomètres des rapides, en face du hameau de Xơm-ra, se dresse à gauche de la route une petite colline que couronne une ancienne pagode cham en ruines. Le bâtiment principal est flanqué de deux édicules sombres contenant, celui de droite, le buste en grès de la dernière reine cham ; celui de gauche, le buste du dernier roi. La sculpture est rehaussée de dorures et de peintures ornementales de couleur rouge. Une fois par an, les Chams célèbrent en grande pompe une fête où la couronne du roi défunt est apportée, ainsi que les vêtements et les bijoux royaux. Ces reliques sont ensuite emportées et cachées avec un soin jaloux : nulle promesse, nulle menace n'ont encore pu faire dévoiler la cachette où sont déposés ces curieux souvenirs, qui seraient d'une richesse surprenante. Les Chams ignorent jusqu'au nom de leurs derniers souverains, et ne peuvent donner une date même approximative de leur règne ou de leur mort. J'ai pu prendre de bonnes photographies de l'ensemble des bâtiments et de chacune des statues, malgré leur éclairage défectueux et l'impossibilité de les déplacer. Cette pagode est appelée *Lang-vua-Gia* ou le Lang de *Ong-vua-Thang*.

A 3 ou 4 kilomètres plus loin on entre dans le gros village de Sông-lủy, centre d'une chrétienté importante : tout autour, des rizières et des cultures de cannes, de maïs, de mûriers, d'arbres fruitiers décèlent la merveilleuse fertilité de ce pays qui pourrait être si riche.

Un autre village, à trois kilomètres au-delà, est également appelé Sông-lủy, et n'est que le prolongement du premier ; il possède aussi une petite église.

A partir de ce point, le sol perd de sa consistance et devient sablonneux ; on entre en pleine forêt au-delà du hameau de Sú-nhưn, ou Giang táy, où nous avons passé une nuit assez mouvementée : un tigre est venu à plusieurs reprises rôder autour de nous, attiré par l'odeur de nos chevaux.

Le sol s'élève en pente douce vers le Sud ; le sous-bois est recouvert d'un gazon rare, mais dont la verdure pourrait tromper sur la nature du terrain : la route elle-même, où le sol a été remué, est essentiellement sablonneuse ; c'est la limite Nord de l'immense dune de sable que nous avons signalée déjà lorsque l'on quitte le port de Phan-ry pour gagner Phan-thiêt par la plage, et qui s'étend jusqu'aux approches de cette dernière localité ; c'est en un mot le *Grand Gohoul* envolé de la mer. Mais dans sa partie Nord il commence à se durcir, et les arbres élevés que l'on y rencontre — des *dau* principalement, exploités pour leur huile — attestent l'ancienneté de la formation de cette dune.

C'est vers Giang-táy que la rivière de Phan-ry change la direction de son cours, qui jusque là était Nord-Sud ; elle vient se heurter à la dune et s'infléchit brusquement vers l'Est jusqu'à Phan-ry.

A 6 kilomètres au Sud-Ouest de Giang-táy on arrive au pied d'un pic conique, que l'on contourne pendant un quart d'heure, et l'on atteint bientôt la halte de Tan-an, après avoir laissé à gauche l'étang de Bau-sen, dans une dépression tourbeuse où les sangliers abondent.

La halte de Tan-an est très confortablement installée dans une clairière où l'on trouve de l'eau potable et de l'herbe pour les chevaux ; quelques cases sont disséminées aux alentours. C'est le Đoc phu qui a construit ce petit poste de relais au milieu de la forêt, à égale distance de Giang-táy et du village de Long-thân que nous trouverons à 11 kilomètres plus loin vers le Sud-Ouest.

Après Tan-an la forêt s'éclaircit et fait place à des clairières nombreuses ; le terrain se modifie également, et l'on retrouve la terre solide à moins d'une heure de marche ; le gibier foisonne dans toute cette région : le coq sauvage, le con man, le con naï s'y rencontrent à chaque détour, sans compter d'autres spécimens moins inoffensifs.

On est tout surpris, dans ces parages déserts, de trouver un solide pont en bois qui permet de traverser en toute saison le Sông-mun, qui formera plus bas la rivière de Pho-hai.

Quelques rares rizières signalent bientôt l'approche du village important de Long-thân, construit sur les confins de la forêt; une maison de repos est établie sur le bord du chemin.

La route s'infléchit rapidement vers le Sud, surtout depuis la traversée du Sông-mun. Au sortir de Long-thân on reprend les terrains incultes jusqu'au haut pic de Ta-von, au pied duquel on passe, et qu'on longe sur une longueur de 2 kilomètres.

Quand on a dépassé le ballon de Ta-von (ou Ta-kong) on entre dans la plaine cultivée de Pho-hai et Phan-thiêt, et les villages se succèdent, nombreux et riches : c'est d'abord Vinh-hoa, puis Thi-hoa, à 3 kilomètres plus loin; ensuite c'est Phu-thương et Phu-lương.

Si l'on quitte la route qui conduit à Pho-hai, et que l'on veuille se diriger en droite ligne sur Phan-thiêt, il faut franchir à gué ou en bac, suivant la saison, l'un des bras de la rivière de Pho-hai en face de la chrétienté de Kim-ngoc, et couper à travers les rizières. On atteint bientôt un marécage traversé par une chaussée en assez bon état; un pont solide en bois, nouvellement construit, permet de passer un bras de lagune qui reçoit la marée haute. Au-delà du marais on contourne des salines en exploitation, qui s'étendent jusque près de Pho-hai. On n'est plus séparé de Phan-thiêt que par l'extrémité de la petite dune mouvante qui vient mourir à quelques centaines de mètres plus à l'Ouest.

La route haute définitive qui doit relier la capitale du Binh-thuân à Phan-thiêt utiliserait donc là route actuelle, de Phan-ry à Sông-lûy.

A partir de ce point, il y aurait lieu d'étudier s'il ne serait pas préférable de franchir le fleuve pour le côtoyer sur sa rive gauche, passer près du petit pic de Núi-mot, au Nord de Su-nhưn, et regagner le tracé actuel seulement à Tan-an. Toutefois, en face de Lang-vua-Gia et de Sông-lûy, la rive gauche de la rivière de Phan-ry est en contre-bas et pourrait bien être inondée aux hautes eaux; d'autre part, on se heurterait à une difficulté qui est évitée maintenant : la double traversée de la rivière, à Sông-lûy d'abord, et près de Núi-mot ensuite.

Aussi, malgré les défectuosités de la route actuelle, qui est un peu sablonneuse depuis Sông-lûy jusqu'au-delà de Tan-an, c'est-à-dire sur un parcours d'une douzaine de kilomètres, il vaudrait sans doute encore mieux la maintenir, en l'améliorant avec des matériaux de charge que l'on trouverait dans le lit de la rivière, pour la partie Est, et dans le petit monticule situé près de Tan-an, pour la partie avoisinant ce poste.

Entre Tan-an, Long-thân et le pic de Nui-ta-Von, il n'y aurait guère que la rectification des courbes inutiles et la construction de quelques petits ponts.

A Kim-ngọc, un pont solide en bois devrait être jeté sur la rivière de Pho-hai, et la route se dirigerait ensuite en ligne droite sur le pont du marais, à deux kilomètres au Nord de Phan-thiêt ; une amorce suivrait la route qui longe actuellement les salines, pour desservir Phan-thiêt, pendant que la voie principale, évitant la dune, irait aboutir vers le village de Đai-nam, près de la demeure du Phu annamite, à 1.500 mètres à l'Ouest de Phan-thiêt, pour de là se continuer vers la vallée de Tanh-linh.

De Phan-ry-Port à Thuân-phan (Phan-thiêt) la route des trams a une longueur de 62 kilomètres 780 ; de Phan-ry-Citadelle à Phan-thiêt, par la route haute, j'ai mesuré exactement 63 kilomètres 640. La légère différence en plus disparaîtrait largement du fait des rectifications des courbes.

On peut donc constater que du Padaran à Phan-thiêt la nouvelle voie aurait exactement la même longueur que le tracé actuel par le rivage et les dunes mouvantes.

CHAPITRE VI

UNE CHASSE A L'ÉLÉPHANT

Le Doc-phu-Nghiêm m'avait accompagné par la route haute de Phan-thiêt jusqu'au tram de Thuân-hao, d'où il avait continué vers le nord pour conférer avec M. le Résident de Nha-trang qui l'avait fait appeler.

J'étais donc revenu seul à Phan-thiêt en faisant le lever de la nouvelle route, et je me trouvais avoir deux ou trois jours devant moi avant le retour de mon compagnon de route. Je résolus d'en profiter pour laisser reposer mon personnel, qui était sur les dents, et faire mes préparatifs de départ pour la vallée de Tanh-linh et les forêts de Ba-giang.

Sur ces entrefaites, on vint me dire que des troupes nombreuses d'éléphants venaient toutes les nuits rôder auprès d'un petit village situé à 12 kilomètres à l'ouest de Phan-thiêt, et dévaster les récoltes. L'occasion était trop tentante pour n'en pas profiter : je partis à cheval, accompagné du surveillant des lignes de la région, chasseur infatigable, qui possédait une arme magnifique qu'il avait fait fabriquer à Liége spécialement pour la chasse aux grands fauves : c'était une superbe carabine rayée, calibre 8, qui n'avait pas encore *fait parler la poudre*. Colinet possédait en outre une autre carabine plus légère, du calibre 10, mais qui était encore une arme très respectable, avec sa charge de 9 grammes de poudre et sa balle à pointe d'acier pesant 65 grammes : il s'empressa de la mettre à ma disposition. Nous avions comme suite trois indigènes, porteurs de nos fusils de chasse ordinaires et d'un mousqueton Winchester pour le petit gibier que nous aurions pu rencontrer.

Arrivés au hameau de Phu-hoi on nous confirma la visite journalière des éléphants qui venaient chaque nuit boire au ruisseau voisin, affluent du Suôi-sưng, et remplir les échos de leurs cris puissants : c'était là le vrai motif qui nous avait fait appeler, car les récoltes étaient rentrées depuis plusieurs semaines ; mais les habitants de Phu-hoi ne pouvaient dormir au milieu du vacarme, et peut-être aussi craignaient-ils quelque incursion inopinée de la bande sauvage dans leurs jardins.

Nous quittâmes le campement après dîner, vers 7 heures 1/2, et bientôt nous traversâmes le ruisseau, avec de l'eau à mi-jambe ; les berges étaient piétinées, et des traces nombreuses se voyaient tout autour. Nous avancions en silence, à la file indienne, précédés d'un guide indigène pris dans le village ; je le suivais immédiatement, Colinet venait ensuite, puis nos Annamites. Nous étions chaussés d'espadrilles pour éviter tout bruit pouvant donner l'éveil ; la lune, embarrassée derrière des nuages, projetait cependant assez de clarté pour distinguer facilement à une petite distance.

Nous marchions depuis dix minutes à peine lorsque je crus entendre sur notre droite comme le bruit d'une petite branche sèche qui se brise ; je levai le bras pour faire signe à tous d'arrêter, et je regardai dans la direction du bruit : bientôt j'aperçus une masse sombre, tranchant à peine sur le fond plus sombre des arbres, qui s'éloignait de nous et regagnait le fourré ; nos armes étaient prêtes, et comme nous étions découverts nous nous rapprochâmes de l'animal qui détalait rapidement, et fîmes feu au moment où il allait disparaître dans le bois ; nous avions distingué les défenses, c'était un éléphant mâle. Il était certainement touché, mais il put néanmoins s'engager dans le lit encaissé d'un ruisseau à sec en ce moment, au milieu de branches de bambous qui nous barraient le passage.

Un peu confus de ce premier insuccès, je demandai au guide s'il connaissait la piste habituelle des éléphants, et s'il pouvait leur barrer la route ; sur sa réponse affirmative nous repartîmes dans le même ordre, avec nos armes rechargées.

Le ruisseau serpentait sur notre droite, reconnaissable aux énormes touffes de bambous qui marquaient ses sinuosités ; le terrain que nous foulions était de nature tourbeuse, avec des fondrières marquetées d'une infinité de trous profonds creusés par les pieds des pachydermes ; des fourrés impénétrables coupaient bizarrement les petites clairières que nous traversions.

Au milieu d'une de ces clairières se dressait un arbre très élevé, unique, avec une grosse touffe de broussailles au pied ; le guide se dirigeait vers l'arbre et n'en était plus à deux mètres quand un cri strident : « Cop ! Cop ! » se fit entendre à nos pieds, perçant comme une note de clairon et puissant comme un sifflet de machine : je le connaissais bien, ce cri, pour l'avoir entendu cent fois, mais jamais d'aussi près ! « Le tigre ! » Et aussitôt une série de bonds précipités et résonnant sur le sol spongieux nous indiqua que nous venions de déranger un tigre aux aguets.

Nous vîmes sa couche au pied de l'arbre : quatre pas de plus, et nous passions à portée de sa patte ! J'éprouvai une émotion intense, où la peur n'entrait pour rien ; c'était comme la violente surprise d'assister à un événement, à un spectacle grandiose et imprévu.

Mais nous n'eûmes pas le loisir de méditer longtemps, car le cri du tigre suivi de mon exclamation avaient été entendus d'une troupe d'éléphants qui nous fut signalée aussitôt par un bruit épouvantable de branches brisées dans les bambous du ruisseau : nous nous précipitâmes à nouveau, mais la troupe s'éloignait déjà, et, après deux coups de feu tirés un peu au juger, disparaissait dans les profondeurs du fourré.

Nous jouions de malheur, d'autant que notre guide voulait rentrer au village, prétextant la fatigue et l'inutilité d'une plus longue poursuite : en réalité, il se souvenait du tigre, qui avait pris la direction que nous voulions suivre nous-mêmes ; mais notre malheureux conducteur jugea bientôt que ses raisons n'étaient nullement goûtées, et il se remit en route, nous faisant faire un assez long circuit qui nous conduisit dans une vaste clairière semée d'arbres rares et bordée au Sud par le fourré ininterrompu de la forêt.

Nous poursuivions notre route, sans grand espoir désormais, traversant rapidement les espaces découverts éclairés par la lune, et nous arrêtant à l'ombre des arbres pour écouter et fouiller le sous-bois du regard. Un très léger bruit attira de nouveau notre attention, mais ce n'est qu'au bout d'un instant assez long que nous vîmes, tout près de nous, se hâtant pour regagner le fourré, une troupe de cinq éléphants ; trois femelles, le mâle déjà blessé et un tout petit éléphant qui ne mesurait guère qu'un mètre de hauteur. Nous fîmes feu aussitôt sur le mâle qui fermait la marche ; un deuxième coup de nos carabines lui fut envoyé au moment où il s'engageait dans les broussailles : il s'affaissa en poussant un cri, mais se releva aussitôt *avec l'aide d'une des femelles* et continua sa route : aucun de nos projectiles ne l'avait atteint dans une partie vitale.

Nous nous élançâmes à la poursuite de la troupe, nous déchirant aux arbustes épineux qui nous barraient le passage, mais après quelques centaines de mètres dans un fourré qui devenait de plus en plus inextricable, nous dûmes renoncer à aller plus loin. Nous perdions du terrain, et le bruit des animaux qui continuaient de fuir s'éteignit bientôt dans le lointain. Nous dûmes reprendre, brisés de fatigue et assez mécontents de notre soirée, le chemin du village.

Le lendemain matin, le guide et un de nos hommes suivirent la trace de l'animal blessé: ils remarquèrent des espaces foulés où l'éléphant avait dû se coucher pour se reposer ; ces espaces devenaient de plus en plus fréquents, marqués tous d'une mare de sang, et bientôt ils faisaient place à une trace continue d'herbes couchées qui prouvaient que le malheureux éléphant s'était traîné sur son arrière-train, aidé sans doute par ses compagnes. Il alla mourir, inévitablement, dans la grande forêt sans eaux, vers le pied de la montagne de Tra-cu ; mais nos hommes, fatigués eux-mêmes, revinrent sans avoir pu regagner l'avance que la troupe avait prise pendant la nuit.

S'il y a lieu d'être surpris de l'aide intelligente que se portent les éléphants dans les circonstances critiques, on ne peut du moins révoquer en doute cette assertion qui a été énoncée par plusieurs voyageurs. A cette occasion, le Doc-phu-Nghiêm me racontait que, vers l'époque de notre prise de possession du Binh-thuân, deux éléphants mâles étaient venus une nuit tout près de la citadelle de Phan-ry et avaient dévasté des champs de patates ; les habitants se réunirent le matin, pourchassèrent les éléphants jusqu'au-delà de Mênh-mỹ, et réussirent à en blesser un mortellement. Son compagnon le soutint et l'entraîna jusqu'au soir vers la plaine de Ka-Rang, où il tomba mort dans la forêt. Le survivant ramassa sur le cadavre un énorme monceau de feuilles sèches, et ne s'éloigna que lorsque le corps de la victime fut complétement caché. Peut-être avait-il essayé de conduire le blessé jusque dans un cimetière d'éléphants, où les très vieux animaux, comme on le sait, se rendent pour mourir au milieu des ossements de leurs ancêtres.

Mon compagnon de chasse, Colinet, ne pouvait se décider à abandonner ainsi la partie, et je désirais vivement moi-même renouveler la tentative ; aussi fût-ce d'un commun accord que nous envoyâmes chercher à Phan-thiêt de nouvelles provisions de bouche et un supplément de munitions.

Nous décidâmes de partir cette fois un peu plus tôt sur le terrain de chasse, et nous y fûmes invités d'ailleurs par les cris très lointains d'une troupe d'éléphants qui se mettait sans doute en marche pour la rivière. Nous prîmes le même chemin que la veille, entendant par intervalles les cris des éléphants qui se rapprochaient.

Arrivés dans la grande clairière que nous connaissions déjà, nous attendîmes, à l'ombre d'un arbre, que de nouveaux cris se fissent entendre pour nous guider ; nous prêtions toutefois une oreille attentive, car si les éléphants sont passés maîtres pour faire du vacarme lorsqu'ils crient ou lorsqu'ils courent tout droit en forêt, brisant tout sur leur route, ils savent aussi marcher sans bruit en troupes nombreuses quand ils sont en éveil; or la troupe que nous cherchions avait dû nous éventer, car au bout d'un moment il nous sembla percevoir non loin de la lisière comme un bruit de feuilles sèches que l'on écrase; ce bruit se répéta, assourdi, un peu plus loin sur notre gauche. Sans notre expérience de la veille, nous n'aurions jamais supposé qu'un troupeau de ces énormes bêtes pût passer en forêt serrée et aussi près de nous avec si peu de bruit, mais nous étions fixés maintenant: les éléphants nous avaient sentis et cherchaient un autre passage.

Nous courons aussitôt dans leur direction, longeant toujours la forêt sous laquelle ils se dérobent; une percée dans le bois se présente bientôt, et, parmi des touffes de broussailles basses, nous voyons se déplacer un des éléphants; à notre vue il s'arrête et rebrousse chemin, non sans avoir été salué de nos deux coups de feu. Aussitôt un bruit effroyable de branches brisées se fait entendre devant nous, nous donnant la direction à suivre. J'ai rechargé mon arme; je prends les devants à la poursuite de l'éléphant que je vois toujours. Je gagne du terrain, et bientôt j'aperçois à quarante mètres, d'abord un autre éléphant, puis quatre, six, une douzaine au moins d'animaux qui fuient en masse compacte vers la forêt qu'ils vont atteindre. Parmi ceux qui se trouvent de mon côté, je n'en distingue aucun portant défenses : je m'en tiens donc à celui que nous avons déjà tiré, et qui forme en ce moment l'arrière-garde. Un premier coup de feu, tiré un peu précipitamment, je l'avoue, l'atteint à l'arrière-train, ainsi que je puis m'en rendre compte par le sillon que son pied gauche d'arrière trace dans le sol sablonneux. J'ai déjà rechargé, en continuant à courir de toutes mes forces pour arriver à gagner le train de ces lourds animaux qui paraissent se déplacer très lentement, mais qui en réalité vont aussi vite qu'un cheval au trot.

Arrivé à une vingtaine de mètres je vise de nouveau, à la tête cette fois, et je fais feu : un cri rauque formidable répond à la détonation ; je vois l'éléphant se retourner pour me faire face, et tomber sur l'arrière-train, la tête appuyée contre un petit arbre ; son mouvement de volte-face a sans doute achevé la rupture de l'os de la jambe touché par ma balle précédente. A ce moment les derniers éléphants de la troupe disparaissent sous bois. Le temps de recharger, toujours courant, et je me trouve à dix mètres de l'animal; je vise de rechef, cherchant la dépression frontale, car je ne vois pas suffisamment pour distinguer l'œil, et je suis mal placé pour tirer à l'oreille. A mon nouveau coup de feu, la bête fait un petit plongeon de la tête, mais reste assise dans la même position, et me faisant face.

Je glisse une nouvelle balle dans le canon de ma carabine, et m'approche à trois ou quatre pas de l'éléphant pour lui loger mon projectile dans l'œil. Tout ceci s'est passé avec une rapidité inouïe : il n'y a pas deux minutes que nous avons aperçu l'animal.

Pendant ce temps, mon compagnon, qui avait d'abord obliqué à gauche croyant couper la route aux fuyards, revient de mon côté, attiré par les détonations, et à une trentaine de mètres il envoie une balle en plein corps de la bête, faisant jaillir un flot de sang.

A l'instant où je vais à mon tour lâcher la détente, l'éléphant, rendu furieux par la douleur, exaspéré peut-être de voir approcher un nouvel assaillant, fait brusquement deux pas en avant et lance sa trompe pour me saisir : je recule de quelques pas sans cesser de viser, et je lui envoie une balle dans l'oreille droite pendant que Colinet, presque à bout portant lui aussi, lui traverse la tête d'un de ses projectiles de 90 grammes. La pauvre bête tombe sur le côté gauche, très lentement, sans pousser un cri : elle ne doit plus se relever. Colinet, avec son accent faubourien, fait alors cette exclamation cruellement gouailleuse : « Voyez-donc, Monsieur l'Inspecteur ! et on dit encore que l'éléphant il se couche pas ! »

La victime était véritablement monstrueuse : elle mesurait 5^m 80 de la trompe à la queue. Bien que couchée sur le côté, elle faisait saillie d'un mètre vingt sur le sol ; les Annamites, rassemblés autour, s'extasiaient sur sa grosseur. C'était une vieille femelle, et, ainsi qu'on l'a remarqué souvent en pareil cas, elle était choisie comme la plus rusée et la plus redoutable pour conduire la troupe : cette fonction glorieuse venait de lui coûter la vie.

J'envoyai chercher des haches et des coupe-coupe au village pour détacher la tête du tronc et couper les quatre pieds. Pendant ce temps nous nous mîmes à l'affût, Colinet et moi, sous un arbre de la lisière de la forêt, bien cachés dans les broussailles, espérant qu'un tigre passerait dans la clairière et s'arrêterait sur le cadavre ; nous étions admirablement placés, à une vingtaine de mètres ; mais comme nous tournions le dos à la forêt, nous eûmes soin de placer en sentinelle derrière nous, à nous toucher et faisant face au sous-bois, deux de nos suivants, armés l'un d'un fusil de chasse et l'autre de mon Winchester. Il était absolument inutile de leur recommander de veiller : ils n'avaient pas assez de leurs deux yeux pour fouiller les fourrés ! A la recommandation que je leur fis de ne pas tirer s'ils voyaient quelque chose, mais de nous avertir, mon suivant me dit qu'il n'avait plus de cartouches ; or, j'avais rempli le magasin de mon Winchester ! Le malheureux, machinalement, avait tiré sur la troupe d'éléphants, et particulièrement sur celui que j'avais mis par terre, les douze cartouches de mon mousqueton ! Dans ma tension d'esprit, je n'y avais pas pris garde, mais heureusement son tir ne m'avait pas fait plus de mal qu'il n'en fit à l'éléphant : une balle de Winchester, qui ne laissait même pas de trace sur la peau de l'animal, aurait pu d'aventure terminer la chasse d'une façon plus tragique.

Nos gens revinrent au bout d'une heure avec des haches ; nous n'avions rien vu de notre cachette ; aussi, après avoir donné nos instructions, nous

5

nous remîmes en route dans la direction d'une autre troupe, ou peut-être de la même, que nous entendions à quelque distance.

Presque au début de notre nouvelle battue, un bruit suspect dans un bas-fond, et qui n'était dû sans doute qu'à la fuite d'un cerf réveillé à l'improviste, paralysa de nouveau notre guide, qui perdit complètement la tête et ne marcha plus que comme une machine inconsciente. Après une heure de recherches inutiles, nous revînmes sur nos pas ; nos gens n'avaient pas encore réussi à détacher la tête : les coups de hache sur la peau plissée du cou rebondissaient avec un bruit sourd sans laisser de trace ; il fallut une heure et demie pour terminer ce travail ; mais il survint une autre complication : nous ne pûmes à nous tous, et nous étions huit, soulever l'énorme tête ! Il fallut une charrette à buffles et le concours de presque tout le village pour charger le lourd trophée.

Après un repos bien mérité, nous regagnâmes Phan-thiêt le lendemain matin ; la charrette n'y arriva que dans l'après-midi ; l'essieu s'était brisé en route, et il avait fallu le remplacer...

Les heureux chasseurs furent fêtés à leur retour ; la colonie de Phan Thiêt fit honneur aux tronçons de la trompe, qui fut proclamée supérieure à la meilleure langue de bœuf ! Quant au crâne, il subit une immersion de 15 jours dans la rivière de Phan Thiêt, où les poissons et les crabes le nettoyèrent admirablement, et il devint d'une blancheur éclatante ; les pieds de l'animal furent creusés avec soin ; j'en distribuai trois, et le quatrième, laqué rouge intérieurement, me fait actuellement une corbeille à papier qui n'est pas vulgaire.

CHAPITRE VII

DE PHAN-THIÊT A TANH-LINH (55 kil. 220)

De Phan Thiêt à Suôi chinh (18 kil. 600)

Je me mis en route le 11 mars pour la vallée de Tanh Linh, accompagné du Đoc-phu-Nghiêm et du surveillant Colinet. Indépendamment de nos bagages et de nos provisions de bouche, nous avions à emporter des sacs de riz et de sel, pour la nourriture de notre personnel, de nos coolies porteurs, et pour le paiement des corvées chez les tribus moïs que nous devions rencontrer, et qui préféraient de beaucoup ces denrées à l'argent : je me munis donc d'un sérieux approvisionnement de sel, que l'on trouve à vil prix à Phan Thiêt, et de quelques piculs de riz.

Du mirador du fortin de Phan Thiêt, on aperçoit très distinctement à l'horizon l'échancrure de la vallée de Tanh Linh, à l'Ouest 19° Nord, et aucun obstacle apparent ne se distingue dans cette direction jusqu'à la brèche de Tanh Linh, dessinée au Nord par l'extrême pointe de la grande chaîne anna-mitique, et au Sud par de petits massifs isolés et par les montagnes de la Co-chinchine.

En quittant Phan Thiêt, on passe devant la demeure du phu annamite, qui a apporté toute sa bonne volonté pour le recrutement de nos coolies et l'expé-dition de courriers nous précédant sur notre route : on l'appelle à Phan thiêt le *phu annamite*, pour le distinguer du Ðoc-phu-Nghiêm, délégué du Résident du Thuân khanh au titre français, et naturalisé Français lui-même.

Au-delà de la demeure du phu, on ne trouve plus de route entretenue, et il faut passer sur les talus de rizières. Nous traversons les territoires des villages de Ðai Nam, Phu Nôi, Phu Hôi, et franchissons la rivière de Phan Thiêt à gué à 7 kilomètres de cette ville ; de fortes érosions du sol dans les champs voisins témoignent de la violence de l'inondation pendant les pluies. On trouve encore quelques maigres rizières sur la rive droite de la rivière, puis commence la région inculte, la brousse et la forêt.

Nous laissons à droite le pic de Cu-nhi, et à gauche celui de Chot-vưng, avant d'arriver au hameau de Suôi-chinh, assis sur le bord d'un affluent du Sông-linh, et pointe avancée de la région habitée.

De Suôi-chinh à Sông-ôi (*15 kil. 260*).

Le gros village de Phu-lac, situé aux environs, nous fournit des coolies de rechange pour continuer notre route dans la région déserte. A 6 kilomètres envi-ron de Suôi-chinh nous trouvons un affluent du Sông Maly, le Sông-ôc, que nous franchissons à nouveau au gué appelé Bưng-sâu, où nous déjeunons. Ce point est fort pittoresque, et j'ai pu en prendre une très bonne photographie.

Après Bưng-sâu, et au-delà de pics isolés au Nord et au Sud de notre parcours, la grande forêt commence à se montrer, étalant des arbres magni-fiques ; des clairières où poussent de superbes touffes de bambous apparaissent par intervalles. Un double pic se dresse à gauche, pendant que sur notre droite un contrefort de la grande chaîne vient mourir sur la rive du Sông-ôc ; le sen-tier sinueux passe à flanc de coteau dans ce défilé sur le bord de la rivière, contournant les bambous et les grands arbres.

Nous traversons un petit affluent de gauche du Sông-ôc, qui descend à l'Ouest du contrefort, et nous tombons dans une plaine longue et étroite, sorte de prairie bordée d'un côté par la rivière et de l'autre par la forêt qui couvre la montagne.

5.

L'endroit est très propice pour un campement, aussi le Ðoc-phu nous propose-t-il de nous y installer, car le premier village est encore à 18 kilomètres.

Pendant que nos gens procèdent à l'aménagement de notre camp, allument les feux pour la cuisine et soignent nos chevaux, je prends mon fusil de chasse pour tâcher de retrouver une bande de 4 ou 5 paons que je viens de voir disparaître dans les broussailles, à quelques centaines de mètres en avant.

J'aperçois un paon seul, me tournant le dos et faisant la roue; je l'approche à vingt mètres en me glissant dans les herbes, et lui envoie ma charge de chevrotines au beau milieu de la cible multicolore qu'il me présente: il est projeté en avant et tombe sur le flanc, mais au même instant, à quelques pas à ma gauche, presque au pied de l'Annamite qui m'accompagne, j'entends un froissement d'herbes violemment écartées: « Ong Cop! » s'écrie mon compagnon « Monsieur le tigre! » et je suis des yeux, sans voir l'animal, le sillon qu'il trace dans les hautes herbes; j'ai déjà remis une cartouche de chevrotines dans mon fusil et je me tiens prêt; mais le tigre détale à toute vitesse, et je l'aperçois à cinquante mètres, sur le gazon ras qui borde la forêt, regagnant le bois par bonds allongés, rasant la terre. Je l'avais dérangé dans sa chasse, et mon paon devait sans doute faire les frais de son souper, si je n'étais venu lui donner une mort plus prompte encore.

A mon retour au camp, les dispositions étaient déjà prises pour passer la nuit; des paquets d'herbes et de branchages devaient remplacer les matelas; une natte fixée sur quatre pieux au-dessus de mon lit-pliant me servait de ciel-de-lit et devait me garantir de la rosée du matin. Une demi-douzaine de feux nous entouraient et devaient être entretenus toute la nuit par des hommes de garde; nos chevaux étaient au piquet en dedans de l'enceinte des feux, et mangeaient leur ration de paddy. Mon chasseur Annamite racontait déjà aux indigènes, qui l'écoutaient bouche béante, ses émotions lorsqu'il avait vu le tigre se lever à nos pieds; il était passé héros pour la soirée!

Des touffes de bambous aux trois quarts mortes bordaient la rivière; un de nos hommes y mit le feu: rien ne peut donner une idée du spectacle magnifique qui nous fut ainsi procuré. La flamme claire s'élançait en gerbes à une hauteur prodigieuse; l'air surchauffé entre les nœuds des bambous les faisait éclater en détonations violentes, auprès desquelles les pétards tirés à la procession du Dragon n'étaient que jeux d'enfants.

Nous pûmes nous endormir lorsque notre feu d'artifice fut un peu calmé, mais pendant la nuit nous fûmes réveillés maintes fois par le bramement des con man et des con naï, par le cri de chasse de nombreux tigres qui rôdaient autour de notre camp, et par les voix puissantes d'une troupe d'éléphants qui devait prendre ses ébats à quelques kilomètres de nous, sur les bords du Sông Oc.

De Sông Oc à Tanh Linh (21 kil. 360).

Le lendemain matin, 13 mars, nous poursuivons notre route vers Tanh-Linh où nous devons coucher le soir; nous longeons encore le Sông Oc pendant une demi-heure dans l'étroite vallée, et nous le franchissons une quatrième et dernière fois, non loin de sa source.

Le sentier s'engage ensuite à flanc de coteau sur le contrefort de droite; la grande chaîne annamitique doit être tout près de nous, mais il est impossible de l'apercevoir : la forêt nous couvre et nous environne de tous côtés, avec, par-ci par-là, des clairières ravissantes ; certains arbres, et particulièrement les *cây dâu* et les *cây bang lang*, atteignent des proportions fantastiques ; ces derniers sont employés par les Chams principalement pour faire des roues de charrettes d'une seule pièce ; des lianes monstrueuses, bizarrement aplaties ou ondulées, s'élancent à travers l'espace jusqu'au sommet des plus hautes cimes : ce coin de contrée est merveilleusement beau.

Après avoir franchi une quantité de petits torrents presque à sec, nous arrivons sur les bords du Sông Phan, appelé Sông Maly ou rivière de Tam Tân dans la partie inférieure de son cours. Nous faisons halte pour déjeuner, bien que nous ayons parcouru à peine 9 kilomètres. Un groupe de Moïs nous attend pour remplacer nos plus anciens coolies. Ces malheureux se jettent avidement sur le riz que nous avons apporté : depuis trois ans, en effet, la famine règne dans leur pays à la suite d'invasions successives de *sauterelles* qui ont anéanti leurs récoltes. Le Doc-phu-Nghiêm, avisé de cet état de choses, fit en 1891 un rapport tendant à obtenir pour eux un dégrèvement d'impôts; la Cour de Huê n'accepta pas ses conclusions et prescrivit une enquête, mais la terreur superstitieuse qu'inspire ce pays de forêts aux Annamites est tellement grande, que les phus et les huyêns consultés décidèrent, à distance et sans se déranger, que malgré la matérialité du fait les Moïs pouvaient néanmoins payer l'impôt... Le phu annamite de Phan-thiêt, que je crois un très brave homme, est loin d'être un homme brave, car dans la circonstance il a remplacé le voyage d'enquête qui lui était prescrit par le serment d'élever à ses frais une pagode au Bouddha!

Les sauterelles n'ont plus reparu depuis, et l'on conjecture que leur nuage a dû être emporté et noyé dans la mer lors d'un typhon qui survint pendant leur dernière incursion.

Les Moïs sont disséminés dans la forêt, aux abords des clairières, dans des cases rudimentaires, et vivent misérablement de racines, de gibier, d'insectes et de poissons qu'ils ne prennent même pas toujours le soin de cuire, lorsqu'ils sont trop pressés par la faim.

Nous avions déjeuné au pied du petit col du Ðéo-ba, que nous franchîmes en suivant le sentier tracé par les Moïs. Ce sentier, étroit et tortueux, court dans une forêt très serrée, tantôt en crête et tantôt à flanc de coteau ; par moments on aperçoit sur la droite, à une faible distance, l'énorme massif sombre de Núi-ông.

Le Ðeo-ba mesure 2.500 mètres de long, et ne présente en aucun de ses points une altitude supérieure à une soixantaine de mètres ; sauf la dernière descente à l'Ouest, qui est très raide mais que l'on pourrait contourner, il ne présente pas de difficultés sérieuses pour le tracé d'une voie praticable. Il ne m'est pas prouvé, du reste, qu'il soit indispensable de le franchir par ce passage, et des recherches pourraient être faites au Sud du chaînon qui le domine à gauche.

Au-delà du Ðeo-ba s'étend la vallée plate de Tanh-lính, limitée sur la droite par le dernier rameau de la grande chaîne qu'on longe à une faible distance, et au Sud par des pics isolés ou des chaînons émergeant de la plaine.

On franchit bientôt le Sông-cac, qui se dirige vers Tanh-linh pour se jeter dans le La-nga. Trois kilomètres avant d'arriver à Tanh-linh, on rencontre le village moï de Ba-ðan, entre le Sông-cac et le sentier.

La forêt qui descend de Núi-ông s'avance jusque dans la vallée, mais les clairières et les grandes herbes dominent jusqu'à l'important village cham de Tanh-lính, où nous étions attendus, et où une maison de repos avait été construite de toutes pièces spécialement pour notre passage.

CHAPITRE VIII

La frontière de l'Annam et de la Cochinchine est mal déterminée dans le haut Bình-thuân. Jusque sous le règne de Minh-Mang, la plaine de Tanh-lính appartenait à la Cochinchine ; mais vers 1820, le Grand Eunuque, dont le tombeau est en face l'inspection de Gia-dinh, près de Saigon, trouvant la province du Bình-thuân trop pauvre, y fit annexer la plaine de Tanh-lính. On considère la frontière actuelle comme à peu près délimitée par le Sông-cac et le Sông-la-Nga.

Le Sông-cac, affluent du La-nga, prend sa source non loin du Ðeo-ba, et suit la vallée de Tanh-linh, orientée Nord-Ouest-Sud-Est. Le Sông-cac est étroit, mais profond ; dans sa traversée du village de Tanh-linh il longe la colline de cinq ou six kilomètres de longeur qui fait face au puissant massif de Nùi-ông, pointe extrême de la chaîne annamitique; la plaine de Tanh-linh s'étend jusqu'au La-nga qui coule à *huit* kilomètres environ au Nord du village.

On pêche dans le Sông-cac du poisson excellent; sa réputation est telle qu'autrefois, sous le règne de Tự Đức, on envoyait à la Cour de Huê, *par la voie de terre,* des paniers de *cá lóc* et de *cá rô* pour les fêtes d'anniversaire de la Reine-Mère et du Roi; ces expéditions étaient faites dans de vastes paniers étanches remplis d'eau : inutile d'ajouter qu'une grande partie de ce bizarre tribut n'arrivait pas à destination.

Tanh-lính a été centre d'un poste administratif géré par un chancelier sous les ordres du Résident du Thuân-khanh; les bâtiments abandonnés, situés sur la rive gauche du Sông-cac, au pied de la colline, sont encore debout. Le dernier chancelier détaché dans ce poste, M. Mercier, y est mort de fièvres et d'épuisement; son tombeau, bien entretenu par les soins du village, se voit dans l'ancien jardin du poste; j'avais l'intention de prendre une photographie du modeste monument, mais un accident de cliché m'arrêta; je le regrettai vivement, car j'avais connu autrefois Mercier en Cochinchine.

L'ancienne résidence est située à deux kilomètres au Nord-Nord-Ouest de l'entrée du village où nous étions installés, ce qui porterait la longueur totale de la route, de Phan-thiêt à Tanh-linh, à 57 kilomètres environ; mais les rectifications des courbes que j'ai dû suivre dans les sentiers tracés réduirait de deux ou trois kilomètres peut-être la longueur mesurée.

Sur tout le parcours, le terrain est ferme et se prêterait parfaitement à l'établissement d'une route solide; les matériaux abondent sur place pour la construction des ponts sur le Sông-ôc et sur les petits torrents de la vallée du Sông-phan, ainsi que pour les deux traversées du Sông-cac.

Les vallées du Sông-ôc et du Sông-phan seraient très intéressantes à étudier, et nul doute qu'on y découvrirait de vastes terrains propres à la culture, et quantité d'essences riches dans les superbes forêts qui couvrent le pays.

Le lendemain de notre arrivée à Tanh-lính fut employé à explorer les environs, pendant que le chef du village s'occupait de nous recruter de nouveaux coolies.

Au pied du massif de Nùi-ông, une vallée étroite est séparée de la plaine de Tanh-linh par une forte ondulation boisée, qui forme comme une fortification autour de la grande montagne.

Cette vallée est habitée par des Moïs que nous trouvons occupés à abattre des coins de forêt pour y mettre le feu et semer ensuite du riz dans l'espace fertilisé par les cendres : c'est ce que les Annamites appellent faire des *rây*. C'est pitié de voir tomber sous la hache et réduire en cendres des arbres splendides, des *sâu*, des *sên* de toute beauté, et qui auraient une valeur considérable à Saigon si on les descendait en radeaux par le Sông-la-Nga. Et à côté, la grande plaine de Tanh-linh offre des terrains où le riz viendrait admirablement. Une partie de cette plaine a du reste jadis été cultivée en rizières, ainsi qu'en témoignent des talus encore très bien conservés.

Nous prîmes un guide parmi les Moïs de la vallée pour nous conduire vers le La-nga en évitant un marais d'un kilomètre d'étendue, rempli de grands roseaux, qui se trouve au pied de Núi-ông.

En tournant la partie Ouest de cette dépression marécageuse on nous signala, à huit cents mètres environ, un troupeau d'éléphants qui broutaient sur le bord de la plaine, longeant les roseaux du marécage : les animaux nous tournaient le dos, et nous étions sous le vent ; nous pouvions donc les approcher sans risquer d'être vus. Nous nous étions munis, à tout hasard, de nos carabines ; le Ðoc-phu en possédait également une excellente, et les deux chasseurs annamites qui l'accompagnent ordinairement dans ses chasses avaient chacun une carabine-express d'un calibre un peu moindre.

Nous marchons rapidement sur les éléphants, à travers la plaine d'herbes hautes en parties brûlées, quand nous apercevons un deuxième troupeau, en avant, sur notre gauche, que nous prenons d'abord pour d'autres éléphants, mais que nous reconnaissons bientôt pour des buffles sauvages : nous en comptons quatorze, qui nous regardent tête levée, semblant hésiter entre l'attaque et la fuite ; ils sont à peine à 500 mètres de nous ; notre position serait critique s'ils prenaient le parti de nous charger, car nos dix balles n'arrêteraient probablement pas le galop de ces farouches animaux, et nous sommes acculés au marécage.

Tout-à-coup, sous nos pieds, un *con hươu* se lève des hautes herbes, fait quelques bonds pour fuir, puis s'arrête à nous regarder ! Un autre, puis deux, puis dix, puis cinquante, *plus de cent con hươu* ou *con man* se lèvent à droite, à gauche, devant nous ; sautent, gambadent, fuient, s'arrêtent, repartent, reviennent jusque dans nos jambes nous narguer...

Je n'oublierai jamais cette scène féerique, dont la seule pensée fera vibrer un chasseur, et où dans le même moment nous avions devant nous, à 300 mètres, douze à quinze éléphants dont nous distinguions déjà les mâles avec leurs défenses ; sur notre gauche, à la même distance, quatorze buffles, immobiles, les naseaux large ouverts, les immenses cornes menaçantes, nous regardant avancer, et, sous nos pas, une centaine de jeunes chevreuils que nous ne voulions, que nous ne *pouvions* pas tirer, car nous aurions donné l'éveil aux éléphants...

A cent mètres, le mâle qui ferme la marche nous évente et se retourne à moitié vers nous ; nous précipitons notre course pour tirer à bonne portée : il nous laisse approcher à cinquante mètres, puis brusquement il reprend sa route et va s'engager dans les roseaux où la majeure partie du troupeau a déjà pénétré. Trois projectiles l'atteignent avant qu'il disparaisse, dont un en plein corps fait jaillir le sang à plus de deux mètres ; je le suis dans le marécage, ayant de l'eau jusqu'à mi-cuisse ; j'aperçois l'animal blessé arrêté dans une éclaircie ; je lui loge une balle dans la tête : il pousse un cri terrible et disparaît derrière les roseaux. Je n'avance plus que difficilement, trébuchant dans les trous creusés par les éléphants, au milieu d'une eau bourbeuse et putride... Je me retourne : mes compagnons ne m'ont pas suivi et ont continué sans doute de longer le marécage pour couper la route au troupeau. Avancer plus loin est presque impossible, et pourrait même devenir fort dangereux si un coup de feu faisait rebrousser chemin à l'avant-garde ; je me retire donc, très péniblement, du bourbier où je me suis enlizé, mais non sans un gros soupir de regret à la pensée des superbes défenses que j'ai entrevues un instant !

Au moment où je vais regagner la terre ferme, j'entends deux coups de carabine en avant : le Ðoc-phu-Nghiêm et Colinet venaient d'abattre une femelle à sa sortie du marécage : elle était tombée d'un seul bloc sur la trompe ; les deux jambes de devant prises sous le corps, et l'arrière-train allongé en arrière : il lui était impossible de se relever, malgré les efforts terribles qu'elle faisait pour se dégager.

Il était alors neuf heures du matin, et notre course au soleil nous avait altérés ; notre caisse de provisions venait d'arriver, mais d'eau, point ! Nous découvrons une rigole d'eau dormant sur des chaumes décomposés ; l'eau est trouble, noirâtre et... tiède : quelques gouttes d'absinthe rectifieront cela : on n'est pas difficile dans la brousse, surtout lorsqu'on a soif !

Après nous être reposés une demi-heure à l'ombre, nous voyons notre éléphant, qui avait réussi à se dégager à moitié, chercher à se relever. Je retourne pour lui donner le coup de grâce avec une carabine-express : un coup dans l'oreille couche l'éléphant sur le côté, mais il se relève ; un deuxième coup produit le même effet, et ce n'est qu'à ma troisième cartouche que l'animal tombe pour ne plus se relever ; mais il n'est pas mort encore. Malgré cela, les Moïs, tout à l'heure si craintifs, commencent à taillader dans les chairs palpitantes, charcutent la trompe... Je m'éloigne de cette cuisine, écœuré, mais ayant pitié de ces malheureux pour qui cette chasse est une aubaine inespérée.

Quelques instants après la chute de l'animal, un vautour planait au-dessus, à perte de vue ; au bout d'un quart d'heure il y en avait des centaines à tourbillonner sur nos têtes, accourus de tous les points de l'horizon ; et maintenant c'était par milliers qu'ils étaient posés sur un bouquet d'arbres voisin, attendant impatiemment l'heure de la curée, et s'enhardissant bientôt jusqu'à venir disputer dans la main les morceaux fraîchement découpés.

Toute la tribu moï arrivait à son tour, avertie je ne sais comment, pour chercher sa part du festin.

On rencontre, paraît-il, des chasseurs d'éléphants chez les Moïs. Le chasseur emploie ordinairement la lance; il essaie de surprendre l'éléphant et le blesse à l'œil ou dans les parties vulnérables; il se dérobe prestement après l'attaque, et poursuit ensuite l'éléphant pendant des semaines, s'il le faut, le harcelant de nouvelles blessures jusqu'à ce qu'il tombe épuisé. On en voit d'autres qui n'ont même pas de lance, mais qui réussissent à enfoncer rapidement à coups de maillet sous le pied de l'éléphant, pendant son sommeil, un piquet de bambou pointu et durci au feu. L'animal blessé appuie ensuite lui-même pendant sa marche sur le piquet qu'il enfonce de tout son poids. L'éléphant, boîteux, est poursuivi patiemment par le chasseur, qui ne le quitte ni jour ni nuit jusqu'à ce qu'il succombe à la blessure empoisonnée du bambou.

Les Chams du Binh-thuân connaissent un cimetière d'éléphants où l'on trouve des trésors inépuisables en ivoire, mais ils refusent obstinément d'en indiquer la position. Ils n'y ont recours eux-mêmes qu'en cas d'absolue nécessité, et lorsqu'ils ne peuvent se procurer par la chasse la quantité d'ivoire qu'ils doivent verser comme tribut chaque année à la Cour de Huê.

Avant les derniers coups de carabine, nous avions fait monter un indigène sur un arbre pour regarder dans le marécage si les détonations ne provoqueraient pas de mouvements dans la troupe d'éléphants réfugiée dans les roseaux : en effet, à la première décharge, notre sentinelle remarqua un déplacement insolite dans les roseaux, mais presque de l'autre côté du bas fond : nous n'avions plus qu'à renoncer à poursuivre notre chasse.

Nous nous dirigeâmes alors vers le La-nga, traversant la plaine de Tanh-linh du Sud au Nord : le sol était *littéralement couvert* de traces de gibier de toute sorte, et l'on distinguait très nettement les empreintes de l'éléphant, du buffle et du bœuf sauvages, du rhinocéros, du sanglier, du cerf, du chevreuil, du tigre et de la panthère.

Une trace toute fraîche d'un rhinocéros de forte taille, accompagné d'un petit, nous conduisit à une mare bourbeuse entourée de hautes herbes vertes, mais nous ne pûmes découvrir les animaux.

Le La-nga, affluent très important du Đon-nai, est profondément encaissé dans son parcours au Nord de Tanh-linh où il mesure plus de cent mètres de large; il roule des eaux jaunâtres, et sa direction dans la partie que nous voyons est Est-Ouest.

Sa rive droite est couverte de broussailles et de roseaux impénétrables, qui doivent être recouverts, ainsi que la plaine de Tanh-linh, à l'époque des inondations annuelles.

CHAPITRE IX

DE TANH-LINH A BA-RIA

De Tanh-linh à Pa-toa (10 kil.)

D'après des renseignements fournis par les habitants de Tanh-linh, on pourrait se rendre à Long-thanh (Cochinchine), par des sentiers ou des routes facilement accessibles, en trois jours de marche environ ; il en faudrait quatre pour arriver à Ba-ria.

Le trajet de Long-thanh à Tanh-linh est fait quelquefois, m'a-t-on assuré, par les gardes-forestiers de Cochinchine, qui pourraient donc fournir des données sérieuses sur la longueur de la route, la nature du pays traversé, le nombre et l'importance des cours d'eau à franchir, etc.

Je résolus pour mon compte de rejoindre Ba-ria, ce qui m'écartait moins de ma mission d'inspection télégraphique, et me permettait en même temps de recueillir des renseignements sur une région moins connue et moins fréquentée que la route de Long-thanh.

A 800 mètres au Sud de l'ancienne résidence de Tanh-linh, on s'engage sous bois pour franchir un petit défilé qui sépare les mamelons de la colline à laquelle est adossé le village.

Le sentier est sinueux, étroit, et serpente sous un dôme épais que le soleil arrive à peine à percer ; aussi le relevé de mon itinéraire a-t-il été particulièrement difficile dans ce passage, et dans un certain nombre d'autres points où la forêt serrée ne permet de distinguer qu'à quelques pas devant soi.

J'ai fait le lever de ma route en entier à la planchette et à la boussole, en mesurant le trajet avec la chaîne d'arpenteur : ce procédé, très simple, et qui m'avait été conseillé par des praticiens, donne des résultats fort satisfaisants quand il est fait minutieusement et qu'il ne s'agit pas de déterminer la position d'un point avec une exactitude qui nécessiterait l'emploi d'un théodolite, et des calculs de triangulation. Les erreurs ne s'accumulent pas ; elles sont du reste fort rares lorsqu'on a soin de contrôler avec l'alidade l'orientation par la visée arrière à chaque changement de direction ; j'ai pu m'en rendre compte lorsque j'ai rapporté sur le tracé des côtes des cartes de la marine les sections que j'avais relevées dans l'intérieur des terres ; ces sections, ramenées à l'échelle voulue, se raccordaient exactement, ou tout au moins sans erreur appréciable comme distance et comme orientation, aux points de jonction repérés sur la carte côtière.

Le lever à la boussole est très assujettissant, surtout lorsqu'il doit être poussé pendant des Mois entiers ; mais il devient peu pratique et très pénible quand on doit relever un parcours sinueux en forêt compacte sans direction générale connue, dans des sentiers étroits tracés par la hache des Moïs ou par le passage des fauves, au hasard des éclaircies que présente le fourré.

Malgré ces difficultés, je n'ai pas constaté, lors du raccord de mes différentes sections de route *dans cette partie du Binh Thuân,* de différence de coïncidence dépassant $\frac{1}{100}$, ce qui peut être considéré comme un résultat satisfaisant pour des itinéraires rapides qui ne peuvent avoir de prétention à une exactitude rigoureuse.

Il m'a été souvent impossible de me renseigner efficacement sur la direction précise des cours d'eau que je rencontrais : si leurs points de croisement avec mon itinéraire peuvent être considérés comme exacts, je ne puis, au moins pour un certain nombre, en dire autant de leur parcours en amont et en aval, non plus que de leur source et de leur confluent.

Il en est de même pour la partie du système orographique que je n'ai vue qu'à longue distance ; la vitesse de ma marche, qui atteignait parfois 35 kilomètres, et même davantage, par jour, ne me permettait pas d'opérations longues et minutieuses.

Ma carte, je le répète encore, est surtout une carte d'itinéraires, mais elle rectifie néanmoins beaucoup d'erreurs, principalement au point de vue de l'orographie du Binh-thuân, de la route mandarine depuis le Padaran jusqu'en Cochinchine, de la position de Tanh-linh et de sa distance du Sông-la-Nga, erreurs que l'on trouve encore sur les cartes tout récemment parues ; mais elle est bien évidemment elle-même à rectifier et surtout à compléter : ce sera aux explorateurs et aux topographes qui me suivront de mener à bien la tâche intéressante que je n'ai pu qu'esquisser.

A quatre kilomètres de Tanh-linh la forêt se coupe de nombreuses clairières où des arbres magnifiques, épargnés par la hache, subsistent seuls au milieu des hautes herbes : ce sont les traces d'anciennes cultures de tribus moïs.

La route continue ainsi au milieu d'une succession de clairières et de coins de forêt très pittoresques, suivant la direction Sud-Ouest jusqu'au petit village de Pa-toa que l'on rencontre après avoir franchi le Sông-sa-Rang.

C'est de Pa-toa que part la route de Long-thanh ; elle est indiquée sur les cartes de l'État-major comme partant de Tanh-linh pour se diriger vers Mang-lam, aux environs de la frontière.

Pa-toa est un village moï disséminé dans la forêt ; nous nous arrêtons pour la halte chez le chef du village, dans une maison assez confortable et bâtie sur pilotis, à la manière cambodgienne ; ce mode de construction, qui est général chez les tribus moïs, s'explique par la nécessité où se trouvent les habitants de se prémunir contre les attaques des fauves, et principalement du tigre ; le plancher est formé d'un treillage de baguettes ou de bambous fendus ; le foyer est constitué par une masse d'argile étalée à plat où les cendres s'accumulent. L'escalier qui donne accès à l'étage est des plus primitifs : parfois c'est une échelle ordinaire formée de deux montants de bambous avec des échelons ; plus souvent c'est un tronc d'arbre avec des échancrures faites à la hache pour simuler des marches ; d'autres fois c'est une simple tige de bambou dont les branches alternantes constituent les degrés.

A la fin du déjeuner, notre hôte, à qui nous avions fait quelques petits cadeaux, nous invita à boire du vin de riz, et ouvrit une de ses jarres à cette intention.

Voici comment opèrent les Moïs de la région pour fabriquer ce vin : ils remplissent à moitié leurs jarres de riz *nêp* cuit, auquel ils ont incorporé une petite quantité de levain ; ils recouvrent le riz avec de la balle de paddy et ferment la jarre au moyen d'une feuille de bananier attachée autour du col. Lorsque la fermentation est terminée, ce qui demande quelques semaines, et que l'on veut boire le vin de riz, on enlève la balle de paddy et l'on remplit la jarre d'eau, puis le contenu est remué avec une spatule pendant quelques minutes. On peut alors déguster la liqueur ; pour ce faire, les invités entourent la jarre, et, munis d'une pipette en bambou, qu'ils enfoncent dans la mixture, ils aspirent le liquide à tour de rôle.

Ce vin de riz, d'une couleur gris sale peu engageante, a un goût aigrelet qui n'est pas désagréable ; il se boit très facilement, et griserait de même ; nous le vîmes bientôt à la figure enluminée des notables réunis, qui ne quittèrent la pipette que lorsque la jarre fut épuisée.

La richesse des Moïs se mesure au nombre de jarres de vin de riz qu'ils peuvent amasser ; on nous cita un Moï des environs qui possède jusqu'à 400 jarres.

J'ai pris note de la numération des Moïs de la région, et je la traduis ci-dessous aussi exactement que possible d'après la phonétique du *quôc ngữ* :

1	Sa (*s* sifflante)	11	Plú sa
2	Ðoa	12	Plú ðoa
3	Klau	13	Plú klau
4	Pa	20	Ðoa plú
5	Lê mư	21	Ðoa plú sa
6	Nam	30	Klau plú
7	Tăi chú	40	Pa plú
8	Têl pan	50	Lê mư plú
9	Sâl pan	60	Nam plú
10	A plú	70	Tăi chú plú, etc.

De Pa-Toa à Ba-Giang (25 kilom.)

Nous devions coucher le soir à Ba-giang, et nous ne connaissions pas exactement la distance, que le Ðoc-Phu estimait à 12 ou 15 kilomètres environ.

La route, à partir de Pa-Toa, prend la direction Sud, avec une légère déviation à l'Ouest. Bientôt on s'engage dans la grande forêt, au sous-bois dégagé, avec des arbres de toute beauté. A huit kilomètres de Pa-Toa nous apercevons les premiers lataniers, que nous allons admirer si souvent désormais. Ce palmier magnifique, aux feuilles en éventail, foisonne dans toute la région comprise entre Cam-Hưng au Nord, Phu-Tri au Sud, Pa-Hoi à l'Ouest et Giêng-Tiêu à l'Est, c'est-à-dire sur un espace qui ne mesure pas moins de 30 à 35 kilomètres dans tous les sens. Le latanier croît sous les grands arbres, et couvre aussi les clairières; lorsqu'il est arrivé à son extrême croissance il pousse très rapidement une tige qui a quelque analogie avec celle de l'aloès, mais beaucoup plus développée, et garnie d'une multitude de branches qui le font ressembler de loin à un conifère ; cette pousse gigantesque se couvre de fleurs auxquelles succèdent des myriades de fruits qui rappellent à s'y méprendre la noix d'arec. J'ai pris en route une photographie d'un latanier chargé de fruits.

Le sol devient légèrement mouvementé en approchant du hameau de Cam Hưng, à 10 kilomètres de Pa-Toa, où les Moïs nous offrent à boire de l'eau douteuse tiédie au soleil, et nous apprennent que nous ne sommes pas encore à moitié route de Ba-Giang...

Nos prévisions sont bouleversées, car nous arriverons forcément de nuit : le Ðoc-phu-Nghiêm part devant au trot avec sa suite montée, pour assurer les préparatifs du campement et recruter les coolies; je reste en arrière avec Colinet pour faire le lever de la route et activer la marche de nos porteurs.

Nous poursuivons notre route aussi rapidement que possible, au milieu des clairières artificielles qui attestent le passage déjà lointain des tribus moïs dans toute cette région ; le terrain est toujours ondulé, ce qui s'explique par le voisinage des deux chaînons que nous laissons à droite et à gauche, à quelques kilomètres de nous.

Après avoir traversé une première fois le lit desséché du Sông-ba-Giang, que nous retrouverons un peu plus loin, la nuit nous surprend à huit kilomètres de Cam-hưng, et rien ne nous indique que nous soyons proches de Ba-giang ; nous n'avons pas de torches, et la lune ne doit se lever que vers 9 heures du soir; bientôt les passages en forêt se font dans l'obscurité complète, et les bruits suspects que nous entendons par intervalles sur nos flancs et font frissonner nos chevaux n'ont rien de bien rassurant pour nous. Je suis forcé d'estimer ma route à la vitesse de notre marche, et pour son orientation, je me repère sur les étoiles.

Enfin, à 7 h. 1/2, nous entrevoyons un feu non loin de nous ; des cris d'appel se font entendre, et nous arrivons sans plus d'aventures dans la clairière où s'élevait autrefois le village de Ba-giang ; mais les cases ont disparu, sauf deux bâtiments de repos qui restent à peu près intacts ; les habitants se sont transportés un peu plus loin à l'Ouest pour faire de nouveaux défrichements.

Le Doc-phu, arrivé une heure avant nous, a fait prévenir les plus voisins, qui commencent à arriver et nous apportent de l'eau et de l'herbe pour nos chevaux ; les feux sont allumés, mais nos bagages et nos provisions ne seront là qu'à 10 heures du soir.

Les Moïs arrivent maintenant par petits groupes et s'accroupissent autour de nos feux ; sur notre demande, ils sont allés chercher leurs instruments de musique, et, à la fin de la soirée ils nous donnent un concert.

Leur orchèstre se compose de huit gongs en cuivre, de grosseurs et de timbres différents, et donnant sensiblement notre gamme ; les exécutants sont accroupis devant leurs instruments qu'ils frappent avec des baguettes de bois ; les petits gongs sont frappés par paires, avec les deux mains ; les quatre plus gros sont tenus chacun par un musicien ; un frappeur de cadence bat la mesure d'un coup sec sur le bois du tam-tam pendant que le chef d'orchestre, un vieux Moï à longue barbe blanche, muni de deux baguettes, exécute simultanément sur les deux fonds du tam-tam un jeu très bizarre de petits coups précipités et inégaux tempérés par le frôlement immédiat des baguettes qui font sourdine. L'effet produit par l'ensemble de ces instruments est très original, avec une note sauvage et triste qui donne l'impression du neuf, du *non-connu*, et dont la monotonie ne fatigue pas néanmoins.

L'étape sera longue encore demain ; nous nous endormons vers minuit, aux derniers sons de la plaintive mélopée des Moïs.

De Ba-Giang à Thân-Toa (35 kilom.)

On descend d'abord au Sud, vers le massif de Nui-mây, en quittant Ba-giang ; puis on oblique au Sud-Ouest comme pour franchir le défilé entre Nui-mây et un autre petit pic isolé à l'Ouest ; le sentier tracé par les Moïs est plus capricieux que jamais, et traverse une succession de clairières couvertes de hautes herbes et de lataniers.

On franchit d'abord le Sông Đa-huâi, puis le Suôi Huâi, un de ses affluents, après quoi, à 9 kilomètres de Ba-giang, le sentier tourne à angle droit vers le Nord-Ouest. Il semble pourtant que l'on pourrait franchir le défilé de Nui-mây, en continuant dans la même direction Sud-Ouest, mais nos guides protestent qu'il n'existe pas de sentier praticable ; peut-être ont-ils à cœur de rencontrer le plus promptement possible un village où cessera leur mission.

On passe la frontière de Cochinchine quatre kilomètres avant d'arriver au village de Pa-hoi situé dans l'arrondissement de Bien-hoa ; la limite des deux pays est formée par un petit arroyo qui doit se jeter dans le Sông-ray. Pa-hoi est situé exactement à l'Ouest de Ba-giang, dont il n'est séparé que par 11 kilomètres, à vol d'oiseau ; nos conducteurs nous ont fait faire 18 kilomètres, et je ne m'explique guère qu'il n'existe pas de route plus directe que celle qu'ils nous ont fait suivre.

Nous déjeunons à Pa-hoi, gros village visité parfois par les gardes-forestiers de Bien-hoa, qui ont fort à faire, d'après ce que nous voyons, pour empêcher d'abattre des coins de forêt pour la culture du riz. Pa-hoi paraît un village relativement riche, possédant bœufs, buffles et charrettes. Dans la case où nous déjeunons, nous remarquons, alignés méthodiquement, une quantité de cornes de cerf et de con huru ; nous en comptons une cinquantaine, et le maître du logis nous confie, non sans fierté, que ce sont les trophées de chasse de tous les animaux qu'il a tués, et que telle est la coutume des chasseurs moïs.

Au-delà de Pa-hoi, le sentier reprend brusquement la direction Sud vers le pic déjà signalé, dont on approche à un kilomètre environ, puis s'infléchit au Sud-Ouest sur une longueur de six kilomètres, pour retomber encore au Sud. Le pays est un peu moins couvert et les clairières plus vastes ; le gibier abonde dans ces parages : nous apercevons un troupeau de bœufs sauvages au bord d'une mare vaseuse ; mais avant que nous ayons pu en approcher à bonne portée, les animaux détalent avec une vitesse que l'on n'est pas habitué de rencontrer chez leurs congénères domestiqués.

A 10 kilomètres de Pa-hoi, la route traverse un passage sablonneux ; un peu plus loin, on distingue sur la droite un marécage que l'on nous dit s'étendre au loin vers l'Ouest ; le sol devient de nature tourbeuse en approchant du village moï de Thân-toa, où nous arrivons à la nuit tombante.

Dans la dernière partie de notre parcours nous avons aperçu une quantité prodigieuse de traces de tigres et d'éléphants. Nous campons dans une petite case ouverte, à l'extrémité du village, sur le bord d'une clairière de deux cents mètres d'étendue en tous sens. Nous allumons aussitôt des feux nombreux, car le tigre signale déjà sa présence des deux côtés de la clairière : c'est probablement un couple affamé qui voudrait bien souper d'un de nos coolies ou d'un de nos chevaux. Toute la soirée, malgré le feu que nous mettons aux herbes de la clairière, nous entendons, à quelques mètres de nous, le « cóp ! cóp ! » de nos redoutables voisins. Nos hommes font bonne garde, accroupis ou couchés autour des feux ; les chevaux, attachés au centre du camp, se serrent en un groupe compact, se rendant parfaitement compte du danger qui les menace.

La nuit se passe toutefois sans incident.

De Thân-toa à Long-nhung (32 kilom.) et à Ba-ria.

Jusqu'à 5 ou 6 kilomètres au Sud de Thân-toa, le sentier continue à traverser la forêt, qui devient moins dense, moins vigoureuse, et où les éclaircies sont plus nombreuses à mesure qu'on avance ; la brousse maigre apparaît ensuite, sur un terrain ondulé, un peu avant la traversée du Sông-thông et du petit village moï de Thân-ba.

On franchit le Sông-ray à deux kilomètres plus loin, à un rapide semé d'énormes blocs de granit, puis l'on arrive, à 14 kilomètres 500 de Thân-toa, au village de Tông-hau, qui cultive une plaine circulaire de rizières d'un kilomètre de diamètre, bordée de tous côtés par la forêt.

La direction de la route est franchement Ouest sur une longueur de six kilomètres, puis elle redescend au Sud un peu au-delà du village de Quang-gia. Le pays est toujours mouvementé et couvert d'arbres chétifs ; Đên-gia, sur notre gauche, est le dernier village moï que nous rencontrons avant d'arriver sur le plateau de Long-nhung. Ici, les plantations de tabac, d'arachides, de coton, d'ortie de Chine, nous annoncent notre rentrée en pays riche et peuplé.

Nous couchons à Long-nhung, où les notables ont peine à croire que nous venons de Phan-thiêt par Tanh-linh ; ils considèrent ce trajet comme un tour de force, et je croirais volontiers qu'à l'exemple du phu annamite de Phan-thiêt, ils préféreraient bâtir une pagode à Bouddha plutôt que de renouveler notre promenade.

De Tanh-linh à Long-nhung, nous avons fait 102 kilomètres, alors qu'à vol d'oiseau la distance ne dépasse pas 70 kilomètres ; le jour où il s'agirait de réunir Ba-ria à Tanh-linh, il va de soi qu'on devrait éviter les détours et les crochets inutiles qu'un voyage comme le nôtre ne pouvait ni prévoir ni supprimer.

Je n'étais plus qu'à 11 kilomètres de Ba-ria, où j'arrivai le lendemain de bonne heure. L'administrateur de l'arrondissement, un de mes vieux amis de Cochinchine, me reçut à bras ouverts, et je reçus chez lui la plus cordiale hospitalité.

CHAPITRE X

DE BA RIA A PHAN-THIÊT PAR CU-MY ET BA-GIANG

De Bà-ria à Xuyên-môc

Il me restait à faire l'inspection de la ligne télégraphique de Phan-thiêt à la frontière avant de m'embarquer à Saigon pour rejoindre mon poste au Tonkin. Au lieu de faire le trajet de Ba-ria à Phan-thiêt, aller et retour par la même route, je jugeai plus utile de faire le lever de la route à partir de Xuyên-môc, village frontière, en passant par Cu-my, Phu-tri, Ba-giang, et de là rejoignant Suôi-chinh par un tracé autre que celui que je venais de faire.

Après m'être reposé deux jours à Ba-rịa je me remis donc en route, le 24 mars, avec mes deux compagnons de voyage.

De Ba-rịa à Xuyên-môc on compte environ 32 kilomètres; je ne pourrais rien dire de la route et du pays qui ne fût déjà connu; on traverse le village et le plateau de Đât-đỏ, où dominent les cultures sèches; au-delà, les terrains incultes et la brousse se multiplient; à Gô-sam, on passe le Sông-rai sur un pont en pierre et en fer, puis la route traverse la forêt jusqu'à Xuyên-môc, dernier village de l'arrondissement. Les habitations de Xuyên-môc sont très éparpillées, et couvrent une grande étendue de clairières et de cultures où l'on remarque du tabac magnifique.

De Xuyên-môc à Cu-my (19 kil. 500)

La maison commune est à quatre kilomètres du Sông-hoa, ruisseau frontière qui délimite la Cochinchine et l'Annam.

La route est très sinueuse et court sensiblement vers l'Est, traversant la forêt marquetée de clairières. Au tiers du parcours, le village de Bưng-riên est caché dans les bois, sur la droite de la route. Dans la dernière partie du trajet, le terrain sablonneux et légèrement ondulé est sillonné par quelques ruisseaux presque à sec; on remarque par places quantité de palmiers à sucre, non exploités; le gibier fourmille dans toute la forêt, et principalement sur la lisière de la grande clairière qui entoure Cu-my.

Le village de Cu-my, où se trouve le dernier tram de l'Annam, Thuân-phưóc, fut créé lors de notre arrivée dans le pays par les soins d'un mandarin du 5ᵉ degré, que la cour de Huê plaça à proximité de la frontière pour arrêter une invasion possible venant de Cochinchine; il recruta à cet effet une bande de pirates et de contrebandiers, tous gens de sac et de corde, et leur concéda le territoire du village en les exemptant d'impôt.

La moralité des habitants actuels se ressent de cette origine, et il ne conviendrait pas de se fier outre mesure à leurs promesses ou à leur honnêteté. On trouve parmi eux de très beaux types, probablement des *minh hương* (métis de père chinois et de mère annamite).

De Cu-my à Phu-tri (9 kil. 500).

La rivière de Cu-my, qui mesure seulement une vingtaine de mètres de large au passage de la route, est très profonde dans la saison des pluies, ainsi qu'à marée haute, et il ne reste plus que des vestiges de l'unique pont en bois qui permettait de la franchir à pied. La route, en assez bon état, suit comme direction générale l'Est-Nord-Est, traversant la forêt, d'abord en terrain ferme, puis sur un plateau sablonneux ; dans un contrebas, sur la droite, des milliers de *cây tram* d'une belle venue pourraient être avantageusement exploités. A six kilomètres de Cu-my, la forêt fait place à la clairière, et tout aussitôt on entre dans une plaine cultivée en rizières autour du village annamite de Ham-tán. Les rizières de Ham-tán étaient abandonnées lorsque je passai une première fois dans cette région en 1889 ; les Chams qui les cultivaient n'avaient pu payer l'impôt par suite d'inondations successives et de longue durée, et avaient émigré.

Le territoire du village a été concédé à un prêtre catholique annamite moyennant le paiement intégral des dettes de l'ancien village ; ses chrétiens se sont groupés autour d'une petite église et cultivent la plaine sous sa direction.

A deux kilomètres plus loin, on entre dans le village cham de Phu-tri, sur les confins des terrains ensemencés, de la grande forêt intérieure et du *Hô-ông-Quât*, le grand marécage.

Nous ne sommes qu'à 1.500 mètres de la mer, et la route solide s'arrête à Phu-tri.

Le huyện cham qui a été notre principal guide dans notre voyage à Tanh-linh est né à Phu-tri et y a sa famille ; aussi s'ingénie-t-il pour nous installer confortablement. Une maison de repos a été construite en dehors de l'enceinte du village, et tapissée de nattes ; des fruits et des provisions nous sont apportés en abondance, et un orchestre cham vient nous distraire pendant la soirée.

Le village de Phu-tri est très compact ; les maisons sont construites à la mode annamite, sans pilotis ; les cours sont entourées de hautes et solides palissades pour éviter les incursions des tigres, très nombreux dans les environs.

Sur ma demande, le huyện nous fit visiter quelques maisons ; les habitants — des femmes en majeure partie, les hommes n'étant pas rentrés des champs — se montrèrent tout d'abord assez effrayés, et quelques-uns cherchaient à fuir ; mais quand ils furent fixés sur le but de notre visite, qui était tout de curiosité, ils se remirent promptement de leur alerte et répondirent volontiers à nos questions ; ils paraissaient surtout s'extasier sur la haute taille de Colinet, à qui sa stature peu commune valut les honneurs de la soirée.

6.

De Phu-tri à Ba-giang (31 kil.)

Le sentier très sinueux qui va nous conduire de Phu-tri à Ba-giang s'engage immédiatement en forêt et garde l'orientation Sud-Nord ; les lataniers commencent à se montrer à quelques kilomètres de Phu-tri.

Le massif montagneux formé par les pics de Núi-Mây, Núi-Nai et Núi-Bê, sur lequel nous nous dirigeons, sera contourné par son versant Est.

A dix kilomètres de Phu-Tri on passe à gué le Sông Cau-Kiêu ou Co-Chi, étroit et encaissé, puis, en approchant de Núi-Bê, les clairières se font plus nombreuses et plus vastes ; le sol devient accidenté en approchant de la montagne, et quantité de ruisseaux, sans importance à l'heure actuelle, traversent la route que nous suivons ; on serre bientôt de très près le massif de Núi-Nai sur la base duquel on s'engage ensuite un moment à flanc de coteau par un sentier tourmenté, raviné par les pluies et où les racines en saillie font trébucher nos chevaux.

Nous nous arrêtons pour déjeuner dans le lit presque à sec du Sông-Ða-Giang, à 19 kilomètres de notre point de départ.

A partir du Ða-Giang, la route s'incline légèrement à l'Ouest pour contourner le Núi-Mây ; les clairières de lataniers sont magnifiques dans ces parages et se prolongent jusqu'à Ba Giang, où nous arrivons à 5 heures du soir, après avoir traversé, presque à pied sec, le Sông Ða Huâi et le Sông Hôi ; nous retombons, 1.500 mètres avant Ba-Giang, dans la route que nous avons déjà faite il y a cinq jours en nous dirigeant vers Pa-Hoi.

De Ba Giang à Ða Mai (18 kilom.)

Les Moïs de Ba-Giang nous avisent que pour regagner Suôi-Chinh par le chemin le plus court, nous aurons à suivre des sentiers à peine tracés et d'un parcours difficile ; en effet, en quittant le village dans la direction Est, on s'engage dans un bois serré et broussailleux où un étroit sentier a été ménagé en coupant les arbustes à quelques centimètres du sol ; nos porteurs n'avancent qu'avec peine et se blessent sur les biseaux des brins coupés à la hache ; nos chevaux buttent à chaque instant, et nous sommes forcés par moments de nous coucher sur nos montures pour n'être pas déchirés par les branches épineuses.

Nous passons tout près, sans la voir, de l'extrémité Sud d'un pic que nous laissons à notre gauche. Notre parcours est coupé par le lit rocailleux et à sec d'une multitude de ruisseaux qui doivent se jeter dans le Sông-Hôi.

Ici encore j'ai beaucoup de peine à faire le lever de ma route, mais bientôt la forêt s'élargit et s'éclaire, et à six kilomètres de Ba-Giang, au milieu de *rây* abandonnés, s'élève le petit village de Ma-Gia, habité par des Moïs Trai, et construit sur la rive droite du Sông-Đinh, qui plus bas sera le Sông-Hòi. Son lit est obstrué par d'énormes masses de granit bleu ; on le traverse en face de Ma Gia, puis on longe sa rive gauche sur une longueur d'un kilomètre. Les anciennes cultures, alternant avec la forêt, apparaissent de nouveau, mais elles sont abandonnées depuis longtemps, et la végétation sauvage reprend rapidement ses droits.

Après avoir coupé une quantité de lits desséchés de ruisselets, on franchit un col d'un kilomètre, au Nord du pic de Núi-Màm, et laissant à gauche un monticule bien moins important ; le col est presque horizontal, et semé d'immenses blocs de granit, complétement plans et à fleur de terre ; sur le versant Est du massif serpente, ou plutôt serpentait le Suôi-Các, car en ce moment il est absolument à sec, et il nous faut fouiller en maints endroits, dans son lit de sable roulé, pour découvrir un peu d'eau trouble pour nos gens et nos chevaux ; à en juger par le volume des sables charriés, ce torrent doit fournir un débit d'eau considérable à la saison des pluies.

A partir de la vallée du Suôi Các commence une région accidentée, aride, rocailleuse, où végètent des *dâu* rabougris et clair-semés, et qui se prolonge jusqu'à Giêng-Tiêu, sur une étendue d'une vingtaine de kilomètres.

Le petit village moï de Đa-Mai (pierre aiguisée) est situé au-delà d'un col semé de pierres coupantes analogues à celles qui abondent dans les cols du Phu-Yên ; le village, assis sur le bord d'un affluent du Sông-Phan, tire sans doute son nom des pierres anguleuses qui couvrent le sol ; il ne compte que cinq maisons ; à quelques cents mètres de là se trouve un autre hameau de même importance.

Les moïs de Đa-Mai sont dans la misère la plus absolue, par suite du manque des récoltes qui ont été anéanties deux années de suite par les sauterelles ; ils se nourrissent d'une sorte de pâte cuite à l'eau et préparée avec la râpure du cœur des lataniers : cette pâte est noire, consistante, glutineuse, et doit être peu nourrissante et fort indigeste. J'en goûte un morceau chez le chef du village qui nous donne l'hospitalité : c'est très fade, d'un goût terreux mais pas répugnant.

Les habitants de Đa-mai n'avaient jamais vu d'Européens, aussi, le premier moment d'indécision passé, sommes-nous entourés et regardés avec une vive curiosité.

Je profite de l'occasion où tout le hameau est réuni pour prendre une photographie de ses habitants, après avoir incorporé dans le groupe quelques-uns des Chams et des Annamites de notre suite.

Le costume des Moïs est très peu compliqué : pour les hommes, une ceinture qui fait le tour du corps et passe entre les jambes, les deux bouts retombant sur le devant des cuisses ; quelquefois un petit mouchoir autour de la tête, et c'est tout. Les femmes nouent autour de la ceinture une pièce de cotonnade, blanche ou de couleur, qui leur tombe à mi-jambe ; le buste est plus ou moins couvert, selon la fortune,....... avec des colliers en verroteries de couleur ; et c'est tout également. Lorsque les Moïs aisés se rendent à Phan-thiêt, ils s'affublent de la longue chemise annamite et du pantalon flottant.

Le chef du village de Đa-mai a une jeune fille de 17 ans, appelée Nièm, d'une beauté remarquable, fiancée depuis deux ans à un jeune et solide gaillard qui habite depuis ce temps dans la maison de son futur beau-père, selon la coutume des Moïs de la contrée ; le jeune homme est plein de respect et de déférence aussi bien pour sa fiancée que pour ses parents, et l'on ne cite pas d'exemple d'incorrection de conduite dans cette délicate condition de stage : l'aspirant serait immédiatement chassé de la maison comme indigne. — Notre civilisation pointilleuse pourrait-elle justement s'enorgueillir devant cette particularité typique des mœurs de ces sauvages ? et la comparaison de notre moralité avec la leur tournerait-elle souvent à notre avantage ?

Dans la soirée, le futur gendre nous joua, sur une sorte de flûte à huit tuyaux de roseaux de longueurs différentes, un air se modulant exclusivement sur les trois notes *ré, mi, fa*, avec un accompagnement donnant alternativement le *la* et le *si* d'en haut : c'est très doux comme sons, très doux comme mélodie traînante, et cela donne l'impression rêveuse et attendrie d'une berceuse.

De Đa-mai à Suôi-chinh (29 kil. 900)

Au sortir de Đa-mai on contourne un mamelon semé de petits cailloux blancs, à veines grises et rouges, de calcaire à grain très fin, dur, et susceptible d'un beau poli ; il y a peut-être aux environs des filons de marbre au milieu de cette région de nature essentiellement schisteuse ?

A quatre kilomètres de Đa-mai, nous traversons à gué le Sông-phan (rivière qui débouche à Tam-tân) ; sa rive gauche contourne le flanc assez abrupt d'une colline de 40 à 50 mètres d'élévation dont le sommet s'étend en un vaste plateau ondulé recouvert d'une forêt rare de *dâu* rabougris. La direction du sentier s'infléchit au Nord-Est en approchant du massif de Giêng-tiêu, à 13 kilomètres du Sông-phan ; sur ce long parcours on ne trouve dans cette saison nulle trace d'eau potable ; les ruisseaux sont à sec, et nous n'avons vu qu'une grande mare dont l'eau verte comme une teinture ne pourrait être utilisée, même filtrée et bouillie ; et pourtant, malgré son aspect repoussant et son odeur ammoniacale — car les fauves ne font pas qu'y boire — nous ne pouvons empêcher nos malheureux coolies d'aller s'y désaltérer...

Gièng-tiêu est le point de contact de la région désolée que nous venons de parcourir avec la plaine qui avoisine Phan-thiêt : c'est là que les Annamites font le dépôt des masses énormes de feuilles et de nattes de latanier qu'ils vont chercher dans la forêt de l'Ouest.

A mi-côte du haut sommet escarpé du pic de Giêng-tiêu jaillit une source limpide, fraîche et abondante, au pied d'un arbre isolé : tous nous nous précipitons à l'assaut du puits où nous buvons à même, au mépris des plus élémentaires principes d'hygiène, mais la soif nous torture depuis trop longtemps pour nous laisser le vouloir de résister à la tentation.

Après Giêng-tiêu, la route contourne le flanc Est de la montagne et traverse un champ de pierres roulantes provenant sans doute d'un éboulis ancien détaché du haut sommet.

Nous ne tardons pas à rejoindre la route que nous connaissons déjà, et nous atteignons Suôi-chinh pour y passer la nuit.

RETOUR A PHAN-THIÊT. — CONCLUSIONS

Le lendemain, 26 mars, à 9 heures du matin, j'étais de retour à Phan-thiêt, après une absence de 15 jours, dont 12 de marche pendant lesquels j'avais fait le lever de près de 300 kilomètres de route en forêt. Je fus pris dans la soirée d'un fort accès de fièvre qui me tint couché deux jours : réaction due au surmenage, ou peut-être à la cessation de la dose préventive de 25 centigrammes de quinine que je prenais régulièrement chaque matin depuis un mois et dont j'étais démuni depuis quelques jours.

Quand je fus rétabli, j'allai chez le phu annamite pour le remercier du concours qu'il m'avait prêté et lui faire ma visite de départ : il n'en revenait pas de me voir si dispos après cette dure excursion ; sur dix de ses coolies porteurs annamites qui n'avaient pu être relevés qu'à Tanh-linh, et qui étaient par conséquent restés six jours absents de Phan-thiêt, cinq étaient morts ; trois étaient très gravement malades ; les deux autres avaient été fortement secoués, mais étaient maintenant hors de danger ! En admettant que la crainte exagérée qu'inspire aux Annamites le séjour de Tanh linh soit pour quelque chose dans cette mortalité effrayante, il faut surtout y voir le résultat de l'obstination irréductible des Annamites à boire à tout propos et hors de propos à tous les ruisseaux qu'ils rencontrent ; or il n'est pas douteux que l'eau, même courante, qui a traversé des sous-bois obstrués de feuilles mortes en putréfaction, et dont beaucoup sans doute sont vénéneuses, ne soit un véhicule parfait pour les germes de la terrible *fièvre des bois*, de la dysenterie et du choléra.

En résumé : il est possible, il est même facile de construire une route carrossable reliant la brèche du Padaran à la Cochinchine en passant dans la partie nord du Binh-thuân.

Cette route suivrait, au moins comme direction générale, le tracé pointillé indiqué sur ma carte et partant de Suôi-Nướơc, passant par ou près le tram de Thuàn-hao, continuant sur Xa-moi, Menh-mỹ, la citadelle de *Phan-ry*, Sòng-lủy, Tan-an (Thanh-an), Vinh-hoa, *Phan-thiêt*, Suôi-chinh, Sòng-ô, franchissant le petit col du Đeo-ba, et se prolongeant sur Tanh-linh, qui est l'objectif à atteindre, et Pa-toa. De ce dernier point, suivant que l'Administration supérieure jugerait plus utile, on poursuivrait sur Long-thanh ou sur Ba-ria, d'après les données que doit posséder l'Administration de la Cochinchine; mais il est présumable que pour atteindre plus directement Saigon, le tracé par **Long-thanh** serait préféré.

La route portée sur ma carte d'après les documents antérieurs, et passant par Truong-quit et Bau-ca (Cochinchine) n'est indiquée qu'à titre de renseignement, mais je ne puis la préconiser de préférence à une autre (1).

De Suôi-nước à Tanh-linh j'ai mesuré 160 kilomètres, mais le redressement des courbes permettrait sans doute de réduire le trajet d'une dizaine de kilomètres.

Le moyen le plus pratique et le moins coûteux d'arriver rapidement à obtenir une préparation sérieuse de la route serait de confier au Đoc-phu-Nghiêm le soin de faire débroussailler la voie, par sections rectilignes, sur une largeur de deux à trois mètres. Ce fonctionnaire est très intelligent et connaît bien sa province; il m'a accompagné dans l'exploration que je viens de relater, et je suis heureux de l'occasion qui m'est offerte ici de le remercier de l'aide efficace qu'il m'a prêtée. Il a une grande influence sur les Chams et sur les tribus moïs, qu'il traite avec douceur. Les Moïs et les Chams seraient satisfaits de s'employer sous sa direction, *pour la nourriture,* au déboisement de la route ; le Đoc-phu estime à 1.000 ou 1.200 piastres le crédit qui lui suffirait pour dégager le tracé dans ces conditions.

Lorsque ce travail préliminaire serait achevé, il conviendrait, mais alors seulement, de faire visiter la route ainsi dégagée par un fonctionnaire des Travaux publics, *avant la fin de la saison des pluies,* afin de lui permettre de se rendre un compte exact de l'importance des inondations et du régime des cours d'eau, et de procéder utilement aux modifications éventuelles que cet examen pourrait amener dans le tracé définitif, pour éviter les mécomptes et réduire au minimum les remblais et les travaux d'art que comportera cette nouvelle voie de pénétration dans un pays riche, ou qui peut le devenir.

---

(1) On trouverait peut-être une autre solution de la question en suivant le tracé récemment parcouru par le docteur Yersin sur la rive gauche du La-nga et passant par Trian et Tracon *pour aboutir à **Tanh-linh.***

CHAPITRE XI

TABLEAU DES TRAMS

Entre Binh-dinh et la frontière de Cochinchine.

NOMS DES TRAMS	DISTANCE en KILOMÈTRES	OBSERVATIONS
Binh-dinh............	k. 7 170	BÌNH-ĐỊNH, entre les trams de Bình-an et Bình-điên.
Bình-điên........		
Bình-phú............	17 420	
Phú-khè............	18 230	SÔNG-CAU, entre Phú-khè et Phú-dương.
Phú-dương..........	14 090	
Phú-tân...........	15 650	
Phú-vinh	17 700	TUY-HOA, entre Phú-vinh et Phú-thanh.
Phú-thanh..........	17 670	
Phú-hoà............	15 630	
Hoà-mã............	12 420	
Hoà-lang.......... .	14 360	
Hoà-huỳnh........	17 300	HON-KHOE, entre Hoà-huỳnh et Hoà-mỹ.
Hoà-mỹ	10 180	
Hoà-các............	20 620	
Hoà-thanh........	18 360	NHA-TRANG, à 11 kilom. à l'Est de Hoà-thanh.
Hoà-tân............	17 600	
Hoà-du............	17 960	
Hoà-quan..........	14 660	
Hoà-lai...........	26 620	
Hoà-mai...........	16 620	PHAN-RANG, à 700 mètres au Sud de Hoà-mai.
Thuân-trinh..........	12 400	
Thuân-lang	16 940	
Thuân-hảo..........	14 700	
Thuân-cương........	11 400	
Thuân-phu	18 840	PHAN-RY.
Thuân-đồng........	19 840	
Thuân-cang.........	16 980	
Thuân-tân..........	13 120	
Thuân-phan.........	12 840	PHAN-THIÈT.
Thuân-lý..........	14 160	
Thuân-lam	14 740	
Thuân-trinh.........	13 680	
Thuân-dung.........	16 540	
Thuân-phước	17 580	
Frontière	12 000	Cap Ba-kè, vers le tram de Thuàn-biên.
TOTAL........	536 020	

La distance de THUÂN-PHƯỚC, dernier tram de l'Annam, à la frontière par la route de terre, est de 15 kilom. 500, ce qui porte la distance de Bình-định à la frontière près Xuyên-môc à 539 kilom. 520.

TABLEAU des distances entre les principaux postes de Binh-dinh à la frontière.

NOMS DES POSTES	DISTANCE en KILOMÈTRES	OBSERVATIONS
	k.	
Binh-dịnh . . . . ⎱ Sông-cau . . . . ⎰	52 500	
Tuy-hoa	43 000	
Hon-khoe	86 000	
Nha-trang	63 000	
Phan-rang	105 500	
Phan-ry	73 500	
Phan-thiêt	62 500	
Frontière	92 000	Vers Xuyên-môc.
TOTAL	578 000	

RELEVÉ des longueurs de diverses sections de route en dehors de la route mandarine.

DÉSIGNATION DES SECTIONS	LONGUEUR en KILOMÈTRES
	k.
De Qui-nhơn à Binh-dịnh (environ)	20 000
Bifurcation sur Hon-khoe	8 460
De Hoà-thanh (citadelle) à Nha-trang	11 320
Sentier du Tigre (près Nha-trang)	7 480
De Chơ-mới à Đac-lop (Nha-trang)	5 780
De Nha-trang à Thủy-triều par Cưa-bè et le col de Sưng-sinh	28 370
De Thủy-triều à la route mandarine (vers Hoà-tân)	3 600
De Nha-trang à la route mandarine par le défilé de Hoà-tân	25 340
De Thuân-trinh au phare Padaran	20 040
De Thuân-hào à Phan-ry-citadelle (route haute)	31 780
De Phan-ry (citadelle) à Phan-thiêt (route haute)	63 640
De Phan-ry (citadelle) à Phan-ry (port)	9 080
De Phan-thiêt à Tanh-linh (ancienne résidence)	57 220
De Tanh-linh à Ba-giang	35 040
De Ba-giang à Thân-toa (arrondissement de Bien-hoà)	34 940
De Thân-toa à Long-nhung (arrondissement de Ba-rja)	31 900
De Xuyên-môc à la frontière	4 000
De Cu-my à Phú-tri	9 260
De Phú-tri à Ba-giàng	31 280
De Ba-giàng à Da-mai	18 300
De Da-mai à Giêng-tiêu	16 900
De Giêng-tiêu à Suôi-chinh	13 000

ERRATA

4   5e alinéa, 4e ligne, *lire* « Nord-*Est* » *au lieu de* « Nord-Ouest ».

6   CHAPITRE II, 3e alinéa, *lire* « On traverse le *bac du* Sông-tháng-Ân » *au lieu de* « On traverse le Sông-tháng-Ân ».

6   CHAPITRE II, 4ᵘ alinéa, 3ᵉ ligne, *lire* « Binh-Điền » *au lieu de* « Binh-Đinh ».

7   5e alinéa, 1ʳᵉ ligne, *lire* « Le *tram de* Binh-phu » *au lieu de* « Le Binh-phu ».

10   lignes 8 et 12, *lire* « Hoa-*cac* » *au lieu de* Hoa-tac ».

11   dernier alinéa, 2e ligne, *lire* « à la suite *duquel* » *au lieu de* « à la suite auquel ».

13   dernier alinéa, avant-dernière ligne, *lire* « Je ne *pus* résister » *au lieu de* « Je ne puis résister ».

14   2ᵃ alinéa, *lire* « et sa direction *générale* est » *au lieu de* « et sa direction est ».

17   dernier alinéa, 4e ligne, *lire* « Ky-*nam* » *au lieu de* Ky-nom ».

18   3e alinéa, 3e ligne, *lire* « à Ninh-hoá ; le Đèo-banit » *au lieu de* « à Ninh-hoá ; Đéo-banit ».

19   2e ligne, *lire* « *Binh*-cang » *au lieu de* Bin-cang ».

20   dernier alinéa, 1ʳᵉ ligne, *lire* « Une lumière, puis plusieurs autres » *au lieu de* « Une lumière, *et* puis plusieurs autres ».

24   5e alinéa, 1ʳᵉ ligne, *lire* « de Nha-trang, allonge » *au lieu de* « Nha-trang, *en* allonge ».

24   5ᵉ alinéa, 7ᵉ ligne, *lire* « de la tour cham » *au lieu de* « de la tour *de* Cham ».

25   2e ligne, *lire* « et celui de Chơ-mói *12 kilomètres en prenant la bifurcation qui les conduit au bac de* CHƠ-MOI. Ces deux voies » *au lieu de* « et celui de Chơ-mói : Ces deux voies ».

27   4ᵉ alinéa, 7e ligne, *lire* « Cam-*ranh* » *au lieu de* « Cam-rang ».

27   5e alinéa, 8e ligne, *lire* « pour *les* soulager » *au lieu de* « pour le soulager ».

31   3e ligne, *lire* « de voix irritées » *au lieu de* « de voix irrités »

31   3e alinéa, 3e ligne, *lire* « *tantôt* désagrégé » *au lieu de* « tout désagrégé ».

36   3ᵉ alinéa, 2e ligne, *lire* « Sud-*Est* » *au lieu de* « Sud-Ouest ».

38   2e alinéa, 1ʳᵉ ligne, *lire* « tram de *Thuận*-lang » *au lieu de* « tram de Thân-lang ».

39   5e alinéa, 2e ligne, *lire* « *Bau*-tay » *au lieu de* « Ban-tay ».

40   6e alinéa, 1ʳᵉ ligne, *lire* « La route *qui conduit du port* à la citadelle du Bính-*thuận* » *au lieu de* « La route du port qui conduit à la citadelle du Bính-thân ».

43   dernier alinéa, 9ᵃ ligne, *lire* « Tonle-Sap » *au lieu de* « Tonle-sap ».

TABLE DES MATIÈRES

PREMIÈRE PARTIE

SECONDE PARTIE

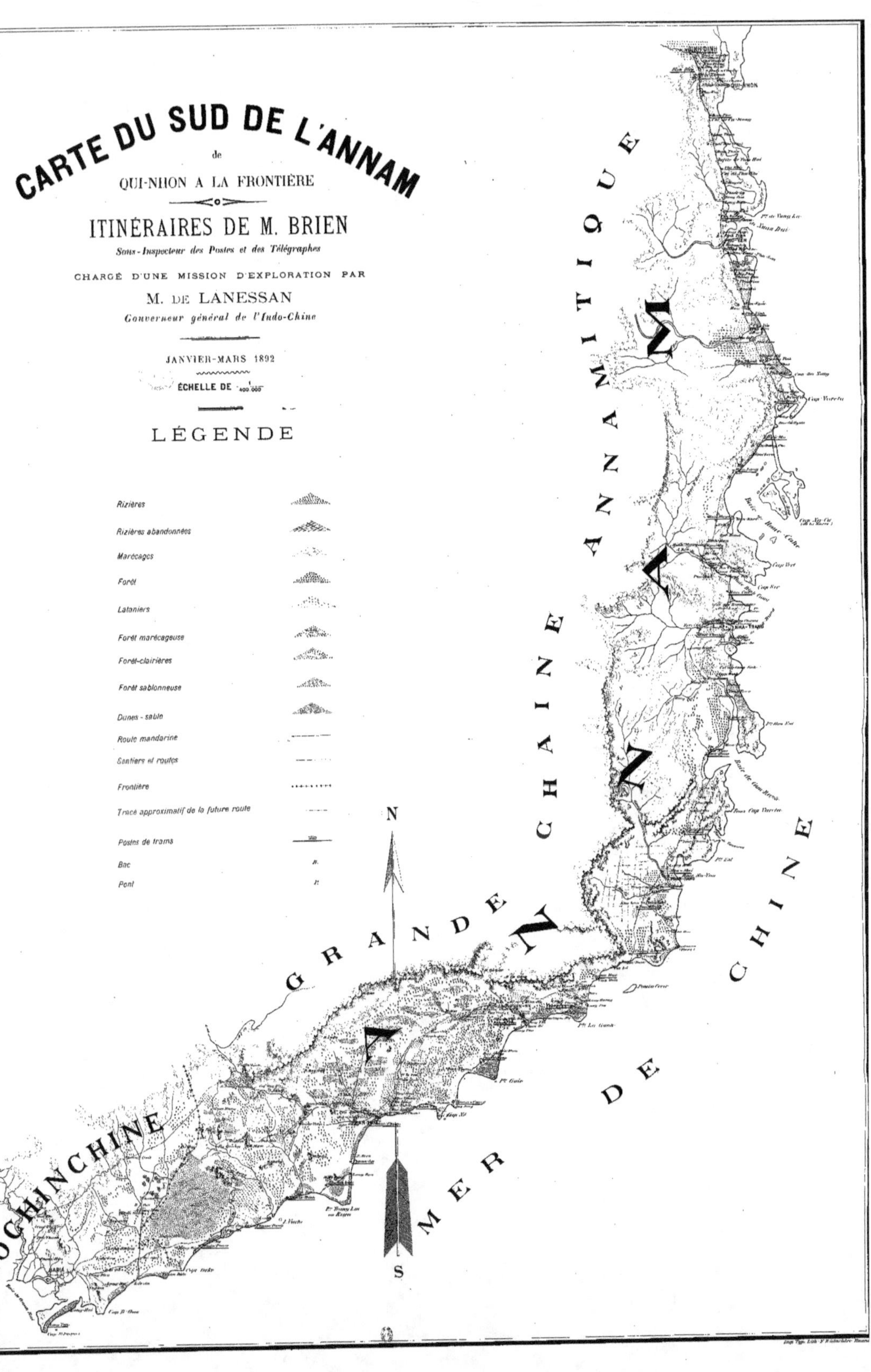

CARTE DU SUD DE L'ANNAM
de
QUI-NHON A LA FRONTIÈRE
ITINÉRAIRES DE M. BRIEN
Sous-Inspecteur des Postes et des Télégraphes
CHARGÉ D'UNE MISSION D'EXPLORATION PAR
M. DE LANESSAN
Gouverneur général de l'Indo-Chine
JANVIER-MARS 1892
ÉCHELLE DE 1/400.000
LÉGENDE
Rizières
Rizières abandonnées
Marécages
Forêt
Lataniers
Forêt marécageuse
Forêt-clairières
Forêt sablonneuse
Dunes - sable
Route mandarine
Sentiers et routes
Frontière
Tracé approximatif de la future route
Postes de trams
Bac
Pont
N
S
COCHINCHINE
GRANDE CHAINE ANNAMITIQUE
MER DE CHINE